رافائل کانسل میراندا

پورتوریکو:

مستعمره‌ی ایالات متحده

«استقلال یک ضرورت است»

نشر طلایه پرسو

تهران، ۱۳۸۰

میراندا، رافائل کانسل
Miranda, Rafael Cancel
پوتوریکو: مستعمره‌ی ایالات متحده "استقلال یک ضرورت است" / اثر رافائل کانسل میراندا؛ ترجمه‌ی سیاوش سماواتی.ـ تهران: نشر طلایه پرسو، ۱۳۷۹.
۹۰ ص.: مصور.
ISBN 964-5783-01-1: ۵۰۰۰ ریال
فهرستنویسی براساس اطلاعات فیپا.
عنوان اصلی: Puerto Rico independence is a necessity
۱.پورتوریکو -- روابط خارجی -- ایالات متحده. ۲.ایالات متحده -- روابط خارجی -- پورتوریکو. ۳.پورتوریکو -- استعمار. ۴.میراندا، رافائل کانسل، Miranda Rafael Cancel -- مصاحبه‌ها. ۵.پورتوریکو -- تاریخ. الف.سماواتی، سیاوش، ۱۳۵۸ - ، مترجم. ب. عنوان.
۹پ۹م/F۱۹۷۱ ۳۲۷/۷۲۹۵۰۷۳
۱۳۷۹
کتابخانه ملی ایران ۲۴۰۲۴-۷۹م
محل نگهداری:

این اثر ترجمه‌ای است از کتاب:
Puerto Rico, independence is a necessity
By: Rafael Cancel Miranda
Pathfinder Press, First edition,1998, ISBN 0-87348-895-4
With an attachment:
Puerto Rico: U.S. colony in the Caribbean, By: José G. Pérez
Pathfinder Press, Fifth printing,1998, ISBN 0-87348-380-4

پورتوریکو:
مستعمره‌ی ایالات متحده
«استقلال یک ضرورت است»

اثر: رافائل کانسل میراندا
ترجمه‌ی: سیاوش سماواتی
ویراستار: مسعود صابری
ناشر: نشر طلایه پُرسو
تیراژ: ۱۰۰۰
نوبت چاپ: اوّل / ۱۳۸۰
حروف چینی: طلایه پُرسو
آماده‌سازی چاپ: قلم
چاپ: دلارنگ
آدرس ناشر: تهران، صندوق پستی ۱۱۹۷-۱۳۱۸۵
E-mail: ntalaye_p@yahoo.com

حق چاپ محفوظ و متعلق است به ناشر و انتشارات پاث‌فایندر

شابک ۱-۰۱-۵۷۸۳-۹۶۴ ISBN 964-5783-01-1
۵۰۰۰ ریال

مقدمه‌ی ناشر

این کتاب شامل دو بخش است:

بخش اول مصاحبه‌ای است با رافائل کانسل میراندا که رکورد دار طولانی‌ترین حبس در قاره‌ی آمریکا است، بیست و هشت سال پشت میله‌های زندان‌های ایالات متحده. زندگی میراندا در واقع تاریخ آگاهی مردم پورتوریکو به سرنوشت خویش و تلاش این مردم برای حاکمیت بر کشور خویش است.

بخش دوم تاریخچه‌ی پورتوریکو است و تحولات آن را از زمانی که تحت اشغال اسپانیا قرار داشت تا هم اکنون که تحت اشغال ایالات متحده قرار دارد تشریح می‌کند. پورتوریکو چگونه صنعتی شد؟ آهنگ رشدش چه بود؟ نتایج تحولات اجتماعی قرن حاضر در این کشور چه بوده است؟ روابطش با ایالات متحده از چه نوعی است؟ به این سؤالات در این بخش پاسخ داده می‌شود.

این کتاب در مجموع بخش حساسی از تاریخ قاره‌ی آمریکا و تأثیر وجودی ایالات متحده را در آن بیان می‌کند و خواننده‌ی ارجمند را با تصاویر دقیقی از این تاریخ آشنا می‌سازد ∎

فهرست

مقدمه‌ی ناشر
۳

مقدمه
۹

پورتوریکو:
«استقلال یک ضرورت است»
۱۳

ما راست قامت از زندان بیرون آمدیم
۳۵

ضمیمه
پورتوریکو: مستعمره‌ی ایالات متحده در دریای کارائیب
۵۳

این جزوه را با افتخاری عظیم به شش زن و ده مرد وطن‌پرستی تقدیم می‌کنم که هم‌اکنون در زندان‌های ایالات متحده محبوس‌اند؛ خواهران و برادرانی که به خاطر مبارزه در راه استقلال پورتوریکو زندانی شده‌اند.

آن را همچنین با تواضع تمام به همه‌ی آن‌هایی تقدیم می‌کنم، حال از هر ملتی باشند، که به خاطر دفاع از رفاه اجتماعی مردم خود به زندان رفته‌اند یا هم‌اکنون پشت میله‌های زندان به سر می‌برند.

رافائل کانسل میراندا

مقدمه

رافائل کانسل میراندا[1] یکی از رهبران جنبش استقلال‌طلبانه‌ی پورتوریکو است. او یکی از پنج ملی‌گرایی است که به خاطر فعالیت‌هایشان در راه استقلال پورتوریکو هر یک بیش از ۲۵ سال از عمر خود را در زندان‌های ایالات متحده سپری کرده‌اند.

رافائل کانسل میراندا در سال ۱۹۵۴ به همراه آندِرِس فیگوئروا کوردِرا و اِروین فلورِس و لولیتا لِبران[2] در اعتراض به ایالات متحده، تظاهرات مسلحانه‌ای را در کنگره‌ی ایالات متحده آمریکا در واشنگتن دی سی بر پا کردند تا بدین وسیله افکار عمومی بین‌المللی را نسبت به وضعیت استعماری پورتوریکو جلب کنند. هر چهار نفر به زندان‌های طویل‌المدت از پنجاه و شش سال تا هشتاد و یک سال محکوم شدند.

چهار سال قبل از آن [۱۹۵۰]، اسکار کولاتزو و گریزیلو تورِسولا[3] مسلحانه به قصر بلر[4]، اقامتگاه موقت هاری ترومن، رییس جمهور وقت ایالات متحده، یورش بردند. تورِسولا در این حمله کشته شد. کولاتزو به اعدام محکوم شد. اما، پیرو درخواست‌های بین‌المللی برای استیناف، محکومیت او به حبس ابد تقلیل یافت.

این پنج ملی‌گرای پورتوریکویی طویل‌المدت‌ترین محبوسین زندان‌های قاره آمریکا شدند.

در اوایل دهه‌ی ۱۹۷۰ فعالیت گسترده‌ای در سرتاسر جهان برای آزادی این پنج زندانی استقلال‌طلب آغاز شد و گسترش یافت. این مبارزه بخشی از خیزش مجدد مبارزات استقلال‌طلبانه‌ی پورتوریکو و همگام بود با مخالفت انفجارآمیز با جنگی که ایالات متحده علیه مردم ویتنام به

1- Rafael Cancel Miranda
2- Andrés Figueroa Cordero, Irving Flores, Lolita Lebrón
3- Oscar Collazo, Griselio Torresola
4- Blair House

راه انداخته بود، خیز مبارزات آزادی‌بخش سیاه‌پوستان و چیکانوها[1] و مبارزات زنان برای تساوی حقوق. دولت ایالات متحده، بالاخره تحت تأثیر فشارهای در حال افزایش بین‌المللی، این زندانیان سیاسی وطن‌پرست را آزاد کرد. در سال ۱۹۷۸، جیمز کارتر، رییس جمهور وقت آمریکا، فیگوئروا را در حالی از زندان آزاد کرد که وی در اثر ابتلا به سرطان در حال مرگ بود. چهار تن دیگر در سال ۱۹۷۹ آزاد شدند. هنگامی که آنان راهی وطن خود پورتوریکو بودند با استقبال پرشور ۲۵۰۰۰ نفر در شیکاگو، ۳۰۰۰ نفر در نیویورک و ۷۰۰۰ نفر در فرودگاه سان خووان در پورتوریکو مواجه شدند.

کانسل میراندا از آن زمان تاکنون به مبارزات خود ادامه داده و فریاد خود را در راه کسب استقلال وطنش به گوش جهانیان رسانده و خواهان آزادی آن دسته از زندانیانی شده است که به خاطر فعالیت‌های متمایل به استقلال‌طلبی در زندان‌های ایالات متحده به سر می‌برند. مبارزه برای آزادی پانزده ملی‌گرا پورتوریکویی حمایت بین‌المللی را به سوی خود جلب کرده است؛ این زندانیان به طویل‌المدت‌ترین محبوسین جهان تبدیل شده‌اند.

کانسل میراندا یکی از سخنرانان کلیدی تظاهرات استقلال‌طلبانه‌ی ده‌ها هزار نفری مردم در گوانیکای پورتوریکو در ۲۵ ژوییه ۱۹۹۸ بود. یکصد سال پیش در چنین روزی، ارتش ایالات متحده همان مکان تظاهرات را در آن جزیره اشغال کرد. از آن پس، پورتوریکو تحت سلطه‌ی چکمه‌های استعماری واشنگتن به سر برده است.

کانسل میراندا در طی سال گذشته برای سخنرانی به ده‌ها دانشگاه پورتوریکو و ایالات متحده دعوت شده است. او در گردهم‌آیی‌های متعددی که به منظور گرامیداشت یکصد سال مبارزه علیه امپریالیسم در پورتوریکو و کوبا برگزار شده شرکت و سخنرانی کرده و با مدافعین انقلاب کوبا در پشت یک تریبون ایستاده است.

۱- ملیت ستمدیده‌ی مکزیکی‌تبار در ایالات متحده.

بخش اول این کتاب شامل دو مصاحبه است. مصاحبه‌ی اول را ورونیکا پوزِس و مارتین کاپل[1] در اول ژوییه ۱۹۹۸ در کابو روخو[2] در پورتوریکو انجام دادند. ورونیکا پوزس عضو هیأت اجراییه اتحادیه جوانان سوسیالیست و مارتین کاپل سردبیر مجله‌ی سوسیالیستی اسپانیایی زبان پرسپکتیو موندیال[3] است.

این مصاحبه هنگامی انجام شد که ۶۴۰۰ کارگر شرکت مخابرات، در یک اعتصاب چهل و یک روزه، مخالفت خود را با فروش شرکت مخابرات پورتوریکو که دولتی است اعلام کردند. کابینه‌ی فرماندار پدرو روسلو[4] در حال فروش این شرکت به یک کنسرسیوم آمریکایی به نام جی‌تی‌یی[5] است. در ۷ام ژوئیه نیم میلیون کارگر به منظور حمایت از کارگران شرکت مخابرات دو روز اعتصاب عمومی کردند تا مخالفت خود را با نقشه‌های دولت پدرو روسلو اعلام دارند که عبارت است از: فروش سایر شرکت‌ها و کارخانجات دولتی، اخراج دسته‌جمعی کارگران و افزایش نرخ آب و برق و گاز.

مصاحبه‌ی دوم را رولاندو جیرارد و ژاکوب پراسو[6] در ۲۷ آوریل ۱۹۹۸ در کابو روخو انجام دادند و مارتین کاپل آن را برای انتشار آماده کرد. جیراردو کارگر خدمه‌ی هواپیما و عضو اتحادیه‌ی بین‌المللی ماشین‌کاران[7] است. پراسو عضو جوانان سوسیالیست[8] در سانتاکروز ایالت کالیفرنیا و دانشجوی دانشگاه کالیفرنیا است.

هر دو مصاحبه پیش از این در شماره‌های ۱۰ام اوت و ۲۱ام سپتامبر ۱۹۹۸ در هفته‌نامه‌ی سوسیالیستی *میلیتانت*[9] چاپ شده‌اند.

مارتین کاپل

سپتامبر ۱۹۹۸

1- Verónica Poses, Martín Koppel
2- Cabo Rojo
3- Perspective Mundial
4- Governor Pedro Rosselló
5- GTE led Consortium
6- Rollando Girard, Jacob Perasso
7- International Association of Machinists
8- Young Socialist Alliance
9- Militant

عکس بالا: کانسل میراندا و سایر ملی‌گرایان پس از پیروزی در کسب آزادی از زندان در سپتامبر ۱۹۷۹ به سان خوان باز می‌گردند. ۷۰۰۰ نفر برای استقبال از آنان به فرودگاه آمدند (عکس از *میلیتانت* /دان دیکسون)

عکس پایین: رودلفو "کورکی" گونزالس[1]، از رهبران حقوق چیکانوها [مکزیکی‌تبارهای ایالات متحده] در ۱۹۷۱ در تظاهراتی در شهر دنور [کلرادو]، علیه جنگ ویتنام سخن می‌گوید. کانسل میراندا در زندان به فعالیت‌های سیاسی و مبارزات چیکانوها پیوست. (عکس از اِل گالو).

1- Rodolfo "Corky" Gonzales

پورتوریکو:
استقلال یک ضرورت است

مصاحبه با رافائل کانسل میراندا

ورونیکا پوزس: در چند روز گذشته، ما از تظاهرات کارگران شرکت تلفن بازدید کردیم. ما شاهد بوده‌ایم که این اعتصاب چگونه حمایت بسیاری دیگر از کارگران پورتوریکویی را به سوی خود جلب کرده است، چون این مبارزه را مبارزه‌ی خودشان می‌دانند. یکی از آن چیزهایی که سخت جلب‌نظر می‌کرد، وجود انبوهی از پرچم‌های برافراشته‌ی پورتوریکو بود. چنین به نظر می‌رسد که پرچم پورتوریکو به سمبل این اعتصاب تبدیل شده است و این اعتصاب نه‌تنها مهر تأییدی بر مقاومت روزافزون کارگران، بلکه همچنین احیای احساسات ملی را نشان می‌دهد. ممکن است بفرمایید که امروزه این مبارزه بیانگر چیست؟

رافائل کانسل میراندا: این اعتصاب، همان‌گونه که خود کارگران تشریح می‌کنند، دیگر یک اعتصاب ساده‌ی کارگران شرکت تلفن نیست، بلکه اعتصاب همه‌ی مردم است. مبارزه‌ای علیه چوب حراج زدن به وطن ماست. ثروت ملی مردم ما را دارند می‌فروشند.

آنچه دارد برای شرکت مخابرات اتفاق می‌افتد، برای بیمارستان‌ها هم در جریان است. دولت بیمارستان‌ها را خصوصی می‌کند و این باعث ایجاد بیکاری بیشتر می‌شود. حتی زندان‌ها را هم می‌خواهند خصوصی

کنند. اگر این جریان ادامه پیدا کند، آن‌ها نیروگاه‌های برق را هم خواهند فروخت.

مردم دارند از ادامه‌ی حیات خودشان به عنوان یک خلق دفاع می‌کنند. و پرچم ایالات متحده سمبل نمایندگی مردم ما نیست. پرچم اشغالگران سمبل مردم ما نیست. پرچم راکفلر سمبل ما نیست. پرچم پورتوریکو سمبل ماست.

برای همین است که اعتصابیون آن را به‌عنوان سمبل خود برگزیده‌اند. حتی بچه‌ها هم آن را در تظاهرات با خود می‌برند، همه‌ی مردم. هنگامی که مردم از گیجی ایدئولوژیکی و سیاسی رها می‌شوند ــ وقتی مغزهایمان از تارهای عنکبوتی چسبیده به آن آزاد می‌شود ــ آنگاه درمی‌یابند که کیستند.

ورونیکا پوزس: در عین حال، همه‌ی کارگران الزاماً از مبارزه برای استقلال پورتوریکو حمایت نمی‌کنند. آیا برای این مطلب توضیحی دارید؟

کانسل میراندا: اولاً، نمی‌توان در پورتوریکو نتایج انتخابات استعماری را به‌عنوان معیار اندازه‌گیری خواسته‌های کارگران به‌کار برد. زیرا، در اینجا رأی مردم بر مبانی ایدئولوژیکی متکی نیست. مردم برای حل مسایل روزمره‌ی خود رأی می‌دهند.

تنها کسانی که در اینجا رأی ایدئولوژیکی می‌دهند، حامیان استقلال هستند.

هزاران نفر برای حزب مترقی نوین (پی‌ان‌پی)[1] رأی می‌دهند در حالی که رأیشان برای ایالت شدن نیست، بلکه صرفاً فکر می‌کنند یک

1- PNP= New Progressive Party

سیاستمدار ممکن است بتواند برخی مسایل را حل کند. اگر حزب مترقی نوین در انتخابات پیروز شود، هواداران این حزب به هزاران شغل دولتی دست پیدا می‌کنند. اگر حزب دموکراتیک مردمی (پی‌پی‌دی)[1] انتخاب شود هم داستان به همین منوال است.[2]

اما، کسانی که به حزب مترقی نوین و یا حزب دموکراتیک مردمی رأی می‌دهند الزاماً علیه استقلال نیستند. یا الزاماً موافق ایالت [آمریک] شدن یا موافق مشترک‌المنافع شدن نیستند.

"ایالات متحده جوانان ما را به عنوان گوشت دَمِ توپ در جنگ‌هایش به‌کار می‌گیرد."

ضرب‌المثلی داریم که می‌گوید اگر پوست یک پورتوریکویی را اندکی بخارانی در اندرونش یک ملی‌گرا خواهی یافت. در اندرون او (چه زن و چه مرد) یک مدافع پرچم خواهی یافت، مدافع چیزی که به پورتوریکویی بودن یک فرد مفهوم می‌بخشد.

خوب یک گروه کوچک اینجاست ـ کارگران نیستند ـ که از ته قلب با استقلال مخالف است. این همان بورژوازی است که مستقیماً از قِبَل حاکمیت استعمار جیبش را پر می‌کند. شما خانه‌های بزرگ و قصرهای آنان را خواهید دید. این یک شِبهِ- بورژوازی است، زیرا در اینجا یک

1- PPD= Popular Democratic Party

۲- در پورتوریکو دو حزب سرمایه‌داری فعالیت می‌کنند. حزب مترقی نوین (پی‌ان‌پی)، که فرماندار پدرو راسلو عضو آن است، طرفدار ایالت شدن است و خواستار آن است که پورتوریکو پنجاه و یکمین ایالت از ایالات متحده بشود. حزب دموکراتیک مردمی (پی‌پی‌دی) مدافع ساختار موجود یعنی (مشترک‌المنافع) است.

بوژوازی واقعی وجود ندارد. یک عروسک خیمه شب بازی است، یک بورژوازی دلال است.

اما، کارگران به‌هیچ‌وجه به منافع استعماری وابسته نیستند، زیرا آنچنان زندگانی‌ای را ندارند. کارگران از قِبَل کار، دانش و مهارت خود ارتزاق می‌کنند.

امپریالیسم ایالات متحده وطن ما را از نظر اجتماعی، سیاسی و اقتصادی تحت کنترل خود دارد. وطن ما اشغال نظامی شده است، سرزمین ما از پایگاه‌های نظامی ایالات متحده اشباع شده است. حالا می‌خواهند ستاد فرماندهی جنوبی ایالات متحده را از پاناما به اینجا منتقل کنند.

ایالات متحده رسانه‌های گروهی ما را کنترل می‌کند. مدارس ما را کنترل می‌کنند. آن‌ها از وقتی بچه‌ایم افکارشان را به ما القاء می‌کنند. آن‌ها به ما می‌گویند که از چه کسی متنفر باشیم یا متنفر نباشیم. حتی می‌توانند آنگونه به شما تلقین کنند که از خودتان هم متنفر شوید.

اولین باری که از مدرسه اخراج شدم، وقتی شش ساله بودم، در سال ۱۹۳۷، بدین خاطر بود که حاضر نشدم به پرچم ایالات متحده سوگند وفاداری یاد کنم. من زیر بار نرفتم. از زمانی که بچه هستی سعی می‌کنند وفاداری به اشغالگران وطنت را به تو تحمیل کنند.

این یک معجزه است که هنوز هم می‌توان شاهد آن بود که هزاران پورتوریکویی پرچم پورتوریکو را به احتزاز درآورند. این یک معجزه‌ی ایدئولوژیکی است ــ اگر چنین چیزی ممکن باشد ــ اگر در نظر بگیریم که ما یکصد سال سلطه‌ی استعماری امپریالیسم ایالات متحده را از سر گذرانده‌ایم.

حتی اگر پورتوریکویی‌ها پرچم ایالات متحده را به احتزاز

درمی‌آوردند هم من تعجب نمی‌کردم. زیرا، از طفولیت به شما می‌گویند که قهرمانان شما سوپر من و واندر وومن، رامبو و جان وین هستند. آنچه تعجب‌برانگیز است و آنچه عظمت مردم را نشان می‌دهد این است که هنوز هم سر پای خود ایستاده‌ایم.

حتی رادیکال‌ترین ما هم استعمارزده است، دست خود آدم نیست. بیست و هشت سال زندان مرا از این آفت مصون کرد. من بیست و هشت سال نسبت به دیگران کمتر استعمارزده شده‌ام.

مارتین کاپل: چگونه می‌توان نظر مساعد اکثریت را به چشم‌انداز استقلال جلب کرد؟

کانسل میراندا: ما باید حقایق و لزوم استقلال را به‌گوش اکثریت قاطبه‌ی مردم برسانیم. استقلال صرفاً یک ایده‌ی پسندیده نیست. استقلال یک ضرورت است.

ما باید با نسل‌های جدید ارتباط برقرار کنیم تا آنان مبارزه را تا زمانی پیش ببرند که نیروهای گوناگون جهان دست به دست هم دهند و مبارزه‌ی ما را تقویت کنند. ما جزیی از جهان هستیم و آنچه در سرتاسر جهان رخ می‌دهد بر وطن ما هم تأثیر می‌گذارد.

ایالات متحده جوانان ما را به عنوان گوشت دَمِ توپ در جنگ‌هایش به‌کار می‌گیرد. پورتوریکو در جنگ ویتنام، باتوجه به نسبت جمعیتش، خیلی بیشتر از ایالات متحده تلفات داد. در جنگ کُره هم وضع به همین منوال بود.

در سال ۱۹۶۵ ما را به دومینیکا فرستادند تا با دومینیکایی‌ها بجنگیم. زمانی که در سال ۱۹۸۹ پاناما را اشغال کردند، ما را به آنجا فرستادند تا برادران و خواهران پانامایی خود را به هلاکت برسانیم.

قبل از جنگ خلیج [فارس]، هیچکس در اینجا صدام حسین را نمی‌شناخت. اما، در ظرف یک هفته از طریق کنترلی که بر رسانه‌های گروهی دارند، همه‌ی مردم پورتوریکو را واداشتند تا از صدام حسین متنفر شوند و بعد همه‌ی مردم می‌گفتند که او خودِ شیطان است.

چند روز پیش من در رادیو یک سؤال طرح کردم: "پورتوریکویی‌ها در بوسنی چه می‌کنند؟" اگر راکفلر می‌خواهد پسرانش را برای جنگیدن به بوسنی بفرستد، بگذار چنین کند. اما، او قصد ندارد پسرانش را به بوسنی بفرستد. او قصد دارد پسران امثال شما یعنی مردم عادی را به آنجا بفرستد.

بنابراین، واقعیت استعماری موجود بر سرنوشت جوانان تأثیر می‌گذارد.

ما باید به کارگران نشان دهیم که چرا استقلال در جهت منافع آنان است: تا آنان مالکان کشورشان و کارخانجات شوند، تا آنان مالکان ثروتی باشند که خود تولید می‌کنند. تا ثروتشان به یغما نرود و از گاوصندوق‌های وال استریت در نیویورک سر در نیاورد. تا این ثروت همینجا باقی بماند و برای توسعه‌ی کشورشان به‌کار گرفته شود.

ما باید توضیح دهیم که الحاق پورتوریکو به ایالات متحده چه مفهومی خواهد داشت. اگر پورتوریکو به یک ایالت آمریکا تبدیل شود، آنگاه همان رفتاری را با ما خواهند داشت که هم اکنون با محله‌های پورتوریکویی‌نشین در نیویورک، کانِتیکا، شیکاگو و لس‌آنجلس دارند.

وقتی در سال ۱۹۷۹ از زندان آزاد شدم به مردمم از همان ابتدا گفتم که اگر ما یک کشور مستقل نشویم، دچار همان سرنوشتی خواهیم شد که سرخپوستان در اردوگاه‌هایشان شده‌اند. آنچه گفتم دارد اتفاق می‌افتد. می‌توانم شما را به یکی از مجتمع‌های مسکونی که هزاران پورتوریکویی

در آن زندگی می‌کنند در مایاگوئز[1] که نزدیک اینجاست ببرم. دور تا دور آنجا سیم خاردار کشیده‌اند و پلیس و گارد ملی ورود و خروج به آنجا را تحت کنترل دارند. ساکنین را به گونه‌ای بازرسی می‌کنند که گویا در زندان هستند.

همانگونه که پدرو آلبیزو کامپوس[2] شصت سال پیش گفت، اگر ما پورتوریکویی‌ها خودمان را آزاد نکنیم، آنوقت به‌جای ارباب بودن رعیت و بجای مالک بودن بی‌خانمان خواهیم شد. و هم اکنون ما پورتوریکویی‌ها در وطن خودمان در واقع بی خانمان هستیم. سررشته‌ی امور دست دیگران است، نه دست ما.

کنترل گمرکات پورتوریکو در دست کیست؟ در دست ایالات متحده است. آمریکایی‌ها هم کنترل تجارت خارجی ما را در دست دارند و هم تجارت داخلی. کنترل امور مهاجرت در دست کیست؟ در دست ایالات متحده است. اگر بخواهیم به یک کشور خارجی مسافرت کنیم باید از وزارت امور خارجه‌ی ایالات متحده مجوز بگیریم. حتی این فرماندارک استعمارزده یعنی روسلو هم باید اجازه بگیرد.

به همین دلایل است که ما ملیّون به نتایج انتخابات ایمان نداریم، زیرا کنترل انتخابات استعماری در دست ایالات متحده است. ایالات متحده از انتخابات برای استتار موقعیت استعماری بهره می‌گیرد و چنین وانمود می‌کند که گویا دموکراسی بر اینجا حاکم است. اما، کنترل همه چیز اینجا در دست آن‌هاست، حتی ارتش. آن‌ها کشور ما را اشغال نظامی کرده‌اند. در چنین شرایطی، که لوله‌ی تفنگ آمریکا به طرف سرِ ما نشانه رفته است و شریان‌های اجتماعی، سیاسی و اقتصادی در دست آن‌هاست، رأی آزاد وجود خارجی ندارد.

1- Mayagüez   2- Pedro Abizu Campos

ما ملّیون می‌گوییم: اول همه‌ی قدرت را به مردم پورتوریکو منتقل کنید. اینجا را غیرنظامی کنید. کلیه‌ی پایگاه‌های نظامی ایالات متحده و نهادهای سرکوبگر را از پورتوریکو برچینید، بعد ما تصمیم خواهیم گرفت. بعد می‌توانیم گفتگو کنیم.

مردم چند ماهی مزه‌ی آزادی را چشیدند و این در زمانی بود که قدرت اسپانیا از بین رفته بود ولی ایالات متحده هنوز حاکم نشده بود. در سال ۱۸۹۷، پس از سال‌ها مبارزه، ما به نوعی خودمختاری دست یافتیم. ما دفتر پستی خودمان را داشتیم، اسکناس پورتوریکویی خودمان را، مجلس خودمان را و گمرک خودمان را. کنترل تجارت خارجی در دست خودمان بود و به هرکس که دلمان می‌خواست اجناسمان را می‌فروختیم. هنگامی که ایالات متحده در سال ۱۸۹۸ پورتوریکو را اشغال نظامی کرد، به همه‌ی این‌ها خاتمه داد[1].

این مبارزه برای مردمی که سال‌های مدیدی تحت سلطه‌ی استعمار بوده‌اند مبارزه‌ی بسیار سختی است. زیرا، حاکمیت استعماری مردم را به حالتی در می‌آورد که یک الکلی دچار آن می‌شود و چیزی بدتر از الکلی بودن. گرچه ترک مسمومیت ناشی از اعتیاد به الکل بسیار دشوار است، اما ترک مسمومیت ناشی از سلطه‌ی استعمار بسیار سخت‌تر است، زیرا باید از شّر دروغ‌ها و عقده‌هایی که با متّه به کله‌ی ما فروکرده‌اند خلاص شوی.

فقط موقعی شکست می‌خوری که از کوشش دست بکشی. یا

---

۱ ـ حکومت استعماری اسپانیا در سال ۱۸۹۷ به پورتوریکو قدرت خودمختاری وسیعی داد. این امتیاز نتیجه‌ی جنگ استقلال‌طلبانه‌ی کوبا بود که دو سال پیش از آن آغاز شده بود و به شکست ارتش اسپانیا از نیروهای آزادیبخش کوبا انجامیده بود. حزب انقلابی کوبا یک شاخه‌ی پورتوریکویی داشت و لیبرال‌های مدافع خودمختاری در پورتوریکو تهدید کردند که اگر خودمختاری بیشتری به آن‌ها داده نشود به انقلابیون خواهند پیوست. اما، این وضعیت چند ماهی بیشتر طول نکشید. چون واشنگتن در آوریل ۱۸۹۸ برای تسخیر کوبا، پورتوریکو، فیلیپین و گوام و برای دنبال کردن اهداف امپریالیستی خودش به اسپانیا اعلام جنگ کرد.

زمانی‌که فکر کنی آن‌ها آنقدر شکست ناپذیرند که حتی قدرت نگاه کردن به آن‌ها را نداری. زیرا، فکر خواهی کرد صرفاً در اثر نگاه کردن به آن‌ها جان خود را از دست خواهی داد. آن‌ها این باور را در بوق و کرنا می‌دمند، همانگونه که در مورد سرخپوستان عمل کردند.

اسپانیایی‌ها هرگز اجازه نمی‌دادند سرخپوستان اجساد اسپانیایی‌ها را ببینند. زیرا می‌خواستند افسانه‌ای بیافرینند که سرخپوستان فکر کنند آن‌ها فناناپذیرند. سرخپوستان هرگز مردن اسپانیایی‌ها را نمی‌دیدند و می‌گفتند: "بهتر است سراغ آن‌ها نرویم. مرگ را با آن‌ها کاری نیست." سپس روزی یک اسپانیایی را به رودخانه انداختند و او غرق شد، شرح افسانه چنین است. پس از این واقعه بود که سرخپوستان جنگ واقعی خود را آغاز کردند[1].

ذهن ما را با این افسانه‌ها مشغول نگه می‌دارند. چگونه پوسته‌ای را که با این افسانه‌ها دور ما تشکیل داده‌اند در هم خواهیم شکست؟ اغلب، واقعیت‌هاست که بر افسانه‌ها خط بطلان می‌کشد.

کاپل: ممکن است اشاره‌ای داشته باشید به برخی از تجربیات دوران اخیر که باعث در هم شکستن این افسانه‌ها شده‌اند؟

کانسل میراندا: هم اکنون شاهدید که یک افسانه چگونه در هم شکسته می‌شود. همیشه به ما این افسانه را القاء کرده‌اند که ما مردم مطیعی هستیم. به استثنای زمانی‌که امپریالیست‌ها برای جنگ‌هایشان ما را در

۱- چنین روایت شده است که‌یورویوآن (Uroyoán) رییس سرخپوستان تاینو (Taino) که روستایش نزدیک رودخانه‌ی آناسکو در غرب پورتوریکو بود در سال ۱۵۱۰ تصمیم گرفت که بر ادعای فناناپذیری اسپانیایی‌ها سنگ محکی بزند. زمانی‌که یک اسپانیایی از آن ناحیه می‌گذشت، یورویوآن موافقت کرد که چند تن از اهالی روستا او و چمدانش را از رودخانه عبود دهند. زمانی‌که به عمیق‌ترین قسمت رودخانه رسیدند، سرخپوستانِ تاینو او را به داخل آب انداختند و مدتی زیر آب نگه‌داشتند. وقتی او را به ساحل کشیدند و متوجه شدند که او غرق شده است، خبرش به سرعت در همه جا پیچید و به شورش تاینوها منجر شد.

ارتششان به‌کار می‌گیرند. در چنین مواقعی ما رزمنده هستیم.

اما، هر دوی شما در اعتصاب کارگران شرکت تلفن شاهد بوده‌اید که این مردم، مردمِ مطیعی نیستند. هنگام روبرو شدن با واقعیتِ ناتوانی در ادامه‌ی حیات و نداشتن رزق کودکانشان و بی‌خانگی، پا به صحنه‌ی مبارزات گذاشته‌اند. شما توانمندی مردان و زنان ما را دیده‌اید که چگونه در مقابل پلیس می‌ایستند؛ پلیسی که رژیم حاکم برای دفاع از خودش به‌کار می‌گیرد. این باعث می‌شود بر افسانه‌ی سلطه‌پذیری این مردمِ خط بطلان کشیده شود.

وقتی باور کنید که آن‌ها بسیار قدرتمندند و ما بسیار ضعیفیم، قبل از اینکه مشتی به سوی شما بیافکنند بر روی کف رینگ دراز خواهید کشید. اما، در این مبارزه مردم ما کم‌کم دارند به قدرت خود پی‌می‌برند و همین مطلب است که قدرت‌های استعماری را به وحشت انداخته است. وقتی مردم به قدرت خود واقف شوند، مبارزه می‌کنند.

مردم تازه دارند می‌بینند که چه نیروهایی عامل سرکوب آن‌ها هستند. رسانه‌های گروهی نمی‌توانند مانع از آن شوند که مردم این‌ها را ببینند، گرچه ایستگاه‌های تلویزیونی سعی کردند حقیقت را مخدوش کنند. اما، آن‌ها نیز نتوانستند قسمتی را که پلیس سرِ کارگران را می‌شکافت و اینکه چگونه یقه‌ی کارگران را می‌گرفتند و آن‌ها را در حال خونریزی روی زمین می‌کشیدند، نشان ندهند.

بعد از دیدن این وقایع بود که بسیاری از مردم که نمی‌خواستند درگیر موضوع شوند، پا به صحنه گذاشتند. زیرا، انسان‌ها استعدادش را دارند که عصبانی و برآشفته شوند. وقتی کار به جایی برسد که چنین واقعه‌ای خشم ما را برنیانگیزد، مفهومش این است که احساسات خود را از دست داده‌ایم. و وقتی احساسات خود را از دست داده باشید، دیگر چیزی

نیستید مگر یک توده‌ی گوشت متحرک. افسانه‌ی این فرماندارک استعمارزده نیز در حال در هم شکسته شدن است. اکنون بسیاری او را به‌گونه‌ای می‌بینند که واقعاً هست. آن‌ها این افسانه را ترویج می‌دهند که سران حکومت عالِم و واقف به همه چیز هستند و مبرا از اشتباهند. پاپ ادعای مبرا از اشتباه بودن را کنار گذاشته است، اما اینجا هنوز همان ادعاهای سابق حاکم است.

این افسانه وجود دارد که می‌گوید هیچ‌کاری از دست مردم برنمی‌آید. اما، امروزه در کوبا شاهدید که روی پرچم‌های بزرگی این شعار نوشته شده است که: "سی سه پوئده!"[1] (بله، ما قادریم!) ما قادریم در مقابل امپریالیسم بایستیم. در کوبا چنین کرده‌اند.

کاپل: شما به این مطلب اشاره کردید که آنچه در پورتوریکو رخ می‌دهد، سرنوشتش با بقیه دنیا گره خورده است. ممکن است قدری در این‌باره توضیح دهید؟

کانسل میراندا: آنچه در پورتوریکو در شرف وقوع است، صرفاً مختص پورتوریکو نیست. بخشی از عالمگیر شدن[2] نئولیبرالیسم است.

وقتی چند ماه پیش به گواتمالا رفته بودم، دیدم که حاکمان دست نشانده‌ی گواتمالا همان بحث‌هایی را مطرح می‌کنند که روسلو در اینجا برای توجیه خصوصی‌سازی عنوان می‌کند. در گواتمالا می‌خواستند سیستم مخابراتی را خصوصی کنند. می‌گفتند برای رقابت در جهان لازم است چنین شود. قرار است که ما هرچه داریم از دست بدهیم تا بتوانیم در جهان رقابت کنیم.

در پاناما هم همین دلایل برای خصوصی‌سازی کانال پاناما آورده

1- *Sí se Puede!*   2- Globalization

می‌شود. و در سایر کشورهای آمریکای لاتین نیز برای اینکه توجیه کنند چرا منابع ما را به دیگران واگذار می‌کنند از همین نوع دلایل به هم می‌بافند. ما یک مستعمره از نوع کلاسیک آن هستیم و سایر کشورها شبه‌مستعمره هستند ــ به استثنای کوبا ــ و معمولاً سرنخ کارها در دست سفارت ایالات متحده است که دستورها را صادر می‌کند. رییس جمهور اینگونه کشورها مشابه گیلرمو اِندارا[1] هستند، همان کسی که پس از اشغال پاناما در سال ۱۹۸۹ در یک پایگاه نظامی ایالات متحده به ریاست جمهوری پاناما منصوب شد.

"وقتی مردم به قدرت خود واقف شوند، مبارزه می‌کنند."

صندوق بین‌المللی پول باعث کشته شدن مردم ونزوئلا شد. زیرا پافشاری کرد که دولت قیمت ارزاق عمومی را افزایش دهد تا بتواند قرض‌هایش را به این صندوق پس بدهد و زمانی‌که مردم علیه اینکار تظاهرات کردند، سرکوب شدند. در جمهوری دومینیکا نیز همین‌گونه بوده است. صندوق بین‌المللی پول این کشورها را تحت فشار قرار داده است.

این باعث خواهد شد که نابرابری اجتماعی میان عده‌ی قلیلی که ثروت زیادی دارند و آنان که بی‌چیزند تشدید شود. و دیر یا زود در آنجا هم همان اتفاقی خواهد افتاد که اکنون در پورتوریکو شاهدش هستید. دیر یا زود مردم راه مبارزه را پیدا می‌کنند.

این اوضاع در میان کارگران ایالات متحده نیز ایجاد نارضایتی خواهد

1- Guillermo Endara

کرد. سعی خواهند کرد که کارگران آمریکا را نیز سرکوب کنند.
پورتوریکو برای آن‌ها مثل یک آزمایشگاه است، مثل زندان‌ها: امپریالیست‌های ایالات متحده کاری را که می‌خواهند بعدها در آمریکا انجام دهند، اول اینجا آن را آزمایش می‌کنند. مثلاً وقتی محله‌ها را با پلیس و گارد ملی محاصره و ادعا می‌کنند که این کار را به منظور مبارزه با مواد مخدر و جلوگیری از وقوع جنایت انجام داده‌اند.

پوزس: یکی از چیزهایی که در اعتصاب کارگران شرکت تلفن جلب نظر می‌کند، حضور گسترده‌ی دانشجویان و جوانان است.

کانسل میراندا: بله، فروش شرکت تلفن فقط بر زندگی کارگران اثر نمی‌گذارد. بلکه، بر زندگی فرزندان کارگران نیز تأثیر می‌گذارد.

از بودجه‌ی دانشگاه پورتوریکو حدوداً ۴۰ میلیون دلار زده‌اند و دانشجویان علیه آن اعتصاب و تظاهرات کرده‌اند. دارند از بودجه‌ی دانشگاه‌های دولتی می‌زنند و به بودجه‌ی دانشگاه‌های خصوصی می‌افزایند، تحت لوای اینکه این بودجه‌ها صرف بورسیه خواهد شد تا دانشجویان در رشته‌های مورد علاقه‌شان تحصیل کنند. یعنی از بودجه‌ی دانشگاه‌های دولتی می‌زنند و به بودجه‌ی دانشگاه‌های خصوصی اضافه می‌کنند.

اگر شرکت تلفن فروخته شود، بیش از ۲۰۰ میلیون دلار از بودجه‌ی نظام آموزشی پورتوریکو کاسته خواهد شد. زیرا، در حال حاضر این مبلغ را شرکت تلفن به‌عنوان یک شرکت متعلق به عموم مردم به نظام آموزشی کمک می‌کند. و این موضوع بر چه کسانی اثر خواهد گذاشت، به دختران و پسران آقای فلان، فلان آقای پولدار؟ نخیر، بچه‌های مردم عادی که منبع مالی ندارند.

می‌توان هزاران نوع تئوری بافت، اما هیچ‌چیز قانع‌کننده‌تر از واقعیت خشن نیست که آن را حس و در آن زندگی می‌کنیم. و آنچه شما در آن اعتصاب شاهدش بودید مردمی هستند که با واقعیت روبرو شده‌اند و بیش از این راه گریزی از این واقعیت ندارند. و روز سه‌شنبه‌ی آینده (هفتم ژوئیه) شاهد آن خواهید بود که هزاران هزار پورتوریکویی به اعتصاب عمومی می‌پیوندند. آینده‌ی دانشجویان در گروِ این حرکت است.

حیات تازه‌ای در میان جوانان هویدا شده است که خاطرات دوران جوانی خودم را برایم زنده می‌کند. من با تعداد زیادی از دانشجویان صحبت کردم. جوانانی اینجا به دیدن من می‌آیند که روحیه‌ی جنگنده‌ای دارند.

من همیشه به آنان می‌گویم به حرف بزرگ‌ترها خوب گوش کنید، اما دنباله‌رو آنان نباشید. زیرا، افراد وقتی پا به سن می‌گذارند محافظه‌کار می‌شوند.

و فقط مختص اینجا نیست. همین چند وقت پیش، دعوت شده بودم تا به‌عنوان سخنران اصلی در یک گردهم‌آیی در دانشگاه شامپین[1] در ایالت ایلی‌نویز شرکت کنم. تصورش را بکنید، آن‌ها کسی را برای سخنرانی دعوت کردند که به سوی اعضای کنگره در واشنگتن تیراندازی کرده است. گروه دانشجویان هندی ـ آفریقایی ـ آمریکای لاتینی مرا دعوت کرده بودند.

در مدتی کمتر از دو ماه، من در هفت یا هشت دانشگاه ایالات متحده سخنرانی کردم. و جوانان مرا از خودشان می‌دانستند. این من نیستم که آن‌ها دعوت می‌کنند، بلکه آنچه را من نماینده‌ی آن هستم دعوت می‌کنند و من نماینده‌ی چیزی هستم که درون خود آن‌هاست، تأکید مجددی

1- Champaign, Illinois

است بر اینکه آن‌ها که هستند و می‌خواهند در آینده چگونه فردی باشند.

پوزس: مبارزات موفقی در ایالات متحده و پورتوریکو برای آزادی شما و سایر زندانیان ملی‌گرا انجام گرفت. امروز، هنوز در زندان‌های ایالات متحده زندانیان سیاسی وجود دارند. ممکن است درباره‌ی مبارزاتی که به آزادی شما از زندان منتج شد صحبت کنید؟

کانسل میراندا: مبارزه‌ای که امروزه برای آزادی شانزده زندانی صورت می‌گیرد بسیار پیشرفته‌تر از مبارزه‌ای است که برای آزادی ما از زندان انجام گرفت[۱].

اما، وقتی ما از زندان آزاد شدیم نوعی توازن قدرت بر جهان حاکم بود. در یک طرف نیروهای سوسیالیست و کشورهای به‌اصطلاح جهان سوم قرار داشتند و در طرف دیگر امپریالیسم ایالات متحده. دولت ایالات متحده از نظر نظامی برای دولت شوروی احترام قایل بود چون می‌توانستند هر کدام دیگری را نابود کنند.

مبارزات دفاع از ما حتی به کمیته‌ی *رفع استعمارِ سازمان ملل* و کشورهای غیرمتعهد کشیده شده بود. ایالات متحده مشغول این تبلیغات "حقوق بشر" بود که (رییس جمهور جیمی) کارتر و (سفیر ایالات متحده در سازمان ملل، اندرو) یانگ آن را پیش می‌بردند. و مردم همه‌جا اعتراض می‌کردند: "چگونه می‌توانید درباره‌ی حقوق بشر صحبت کنید، در حالی که شما پنج ملی‌گرای مدافع استقلال کشورشان را به حبس‌های طولانی‌مدت محکوم کرده‌اید؟" ما مثل استخوانی بودیم که در گلویشان گیر کرده بود.

بنابراین، تا زمانی که ما در زندان ایالات متحده بودیم، شعارهای آن‌ها

۱- برای مطالعه‌ی فهرست اسامی زندانیان به ص ۵۰ کتاب مراجعه کنید.

در زمینه‌ی حقوق بشر نمی‌توانست برایشان کارساز باشد. این به نفع مبارزاتی بود که در دفاع از ما انجام می‌شد.

اکنون دیگر در جهان توازن قوا میان دو دولتی که سعی می‌کردند دولت‌های دیگر را به سوی خود جلب کنند وجود ندارد و ایالات متحده خودش را قدرت یک جانبه و بدون حریف می‌داند. بنابراین، آن‌ها کمتر دنبال این مطلب هستند که به سایر کشورهای جهان نشان دهند که دموکراتیک هستند، بلکه می‌خواهند قدرت خود را به رخ آن‌ها بکشند.

"کلینتون در جلوی چشم خودش زندانیان سیاسی دارد و یک امضایش می‌تواند آن‌ها را آزاد کند، اما او هیچ کاری نمی‌کند."

هم‌اکنون یک فرصت طلایی فراهم شده بود. کلینتون رفته بود به چین تا به آن‌ها بگوید که باید زندانیان سیاسی آن کشور را آزاد کنند. و او واقعاً در خصوص اینکه کوبا باید زندانیان سیاسی‌اش را آزاد کند، وراجی می‌کند؛ آن‌ها ادعا می‌کنند در کوبا زندانیان سیاسی وجود دارند. حال آنکه کلینتون در جلوی چشم خودش زندانیان سیاسی دارد و یک امضایش می‌تواند آن‌ها را آزاد کند، اما او هیچ کاری نمی‌کند.

علت اینکه ما از زندان آزاد شدیم این نبود که ناگهان دولت ایالات متحده همانند سن پاول[1] [مقدس] نور را دید. آن‌ها به دلیل فشارهای بین‌المللی ما را از زندان آزاد کردند.

در کلِ تاریخ نظام جزایی ایالات متحده ما تنها زندانیانی بودیم که

1- St. Paul

شرایط آزادی خود را به زندانبانان دیکته کردیم؛ به‌جای آنکه آنان شرایط خود را بر ما تحمیل کنند. هر کسی می‌تواند از زندان آزاد شود. آنچه تعیین کننده است، به زندان افتادن یا آزاد شدن از زندان نیست. بلکه این مطلب است که برای چه به زندان رفته‌ای و چگونه آزاد شده‌ای.

آنان حاضر بودند ما را آزاد کنند، مشروط بر اینکه شرایط آنان را بپذیریم. مأمورین اف‌بی‌آی و سازمان سیا به ملاقات ما در زندان می‌آمدند و می‌گفتند اگر درخواست عفو کنید بدون وقفه روز بعد آزاد خواهید شد. آن‌ها حتی آن نماینده‌ی کنگره‌ی نیویورک، رابرت گارسیا[1] را نزد ما فرستادند. او گفت اگر این اسناد را امضاء کنید و قسم بخورید که دیگر به کسی شلیک نخواهید کرد و اطمینان دهید که بعدها درگیر مبارزه نخواهید شد، آزاد می‌شوید.

اما، این یک پیروزی بود. در حالی آزاد شدیم که راست قامت، ایستاده بودیم.

ما به شکرانه‌ی مبارزاتی که دیگران در دفاع از ما انجام داده بودند آزاد شدیم، از جمله نشریه‌ی میلیتانت که در دفاع از ما مقاله می‌نوشت.

امروز مبارزه برای آزادی زندانیان سیاسی پورتوریکو به تریبون‌های بین‌المللی کشانده شده است، به سازمان ملل، به برندگان جایزه‌ی صلح نوبل که در دفاع از ما طومار امضاء کرده‌اند. بیش از دویست هزار امضاء، چه در پورتوریکو و چه در ایالات متحده در دفاع از این زندانیان جمع‌آوری شده است.

دادگاه‌ها اغلب جنایتکاران را به سه یا چهار سال حبس محکوم می‌کنند و اگر اعضای سازمان [نژادپرست] کوکلاکس‌کلان[2] باشند به کمتر از یکسال زندان محکوم می‌شوند. چرا این طرفداران استقلال که حتی

1- Robert Garcia   2- Ku Klux Klan

یکبار از طرف پلیس راهنمایی و رانندگی هم جریمه نشده‌اند به هیجده سال حبس محکوم شده‌اند و هنوز هم در زندان هستند؟

استقلالیون جنایتکار نیستند. انقلابیونی هستند که رو در روی نظام آنان ایستاده‌اند و به همین دلیل است که آنان (امپریالیست‌ها) ما را به چشم دشمن خود می‌نگرند.

کاپل: دولت انقلابی کوبا در دفاع از استقلال پورتوریکو و آزادی زندانیان سیاسی پورتوریکو مبارزه کرده است. نظرتان راجع به آن چیزی که کشور کوبا به منصه‌ی ظهور می‌گذارد چیست؟

کانسل میراندا: کوبا مایه‌ی امید همه‌ی ماست. تا زمانی که کوبا آنجا هست، این امید در دل ما زنده است که از آن دروازه بگذریم. چنانچه کوبا سقوط کند، دست‌یابی به پیروزی برای مبارزه‌ی ما خیلی بیشتر طول خواهد کشید. منظور من فقط پورتوریکو نیست، بلکه همه‌ی خلق‌هاست....

کوبا همچنین یک سلاح روانی برای خلق‌های ماست. زیرا، آنان [امپریالیست‌ها] در ما عقده‌هایی را پرورش می‌دهند که ما را وامی‌دارد تا باور کنیم بدون یانکی‌ها قادر به ادامه‌ی حیات نیستیم. گویی بدون یانکی‌ها خورشید نخواهد درخشید و ماه فرو خواهد افتاد.

حال آنکه کوبا جان سالم به در برده است. نه‌تنها بدون یانکی‌ها به حیات خود ادامه داده است، بلکه به‌رغم یانکی‌ها و به‌رغم تخاصمات و تحریم‌های اقتصادی ایالات متحده. اگر کوبا تحریم اقتصادی نمی‌شد، مجبور نبود چنین بحران‌هایی را متحمل شود. اما، از این بحران‌ها جان سالم به در برده و به حیات خود ادامه داده است.

به نظر من، کوبا از مرز ادامه‌ی حیات اقتصادی به مراتب پا را فراتر گذاشته است. کوبا عزت‌نفس انسان را برمی‌انگیزد. در گذشته، وقتی یک نفر آمریکای لاتینی را در فیلم‌های سینمایی ایالات متحده می‌دیدید، یا پادوی یک آمریکایی بودیم و یا "معشوقه‌ای" که باعث سرگرمی‌شان می‌شد. آنان ما را به سُخره می‌گرفتند.

اما، از زمان فیدل (کاسترو) آنان آموختند که به ما احترام بگذارند. زیرا فیدل و انقلابیون کوبا پادوی هیچکس نیستند. فیدل همان غروری را در من می‌آفریند که ساندینو در من می‌آفریند[1].

امروزه در کوبا زندگی انسان‌ها برمبنای ظاهرشان شکل نمی‌گیرد. در نظام کنونی پورتوریکو، ارزش هر کس برمبنای مقدار پولی که در جیبش دارد تعیین می‌شود، حال اگر شخص گانگستر هم باشد فرق نمی‌کند. ذات وجودی انسان فاقد هرگونه ارزشی است. وقتی یک نفر صاحب ارزش است که اتومبیل لوکسی براند، مثل وولوو، مرسدس بنز یا از این قبیل. ارزش فرد برمبنای نوع اتومبیل‌اش تعیین می‌شود، نه برمبنای اینکه از آن چگونه استفاده می‌کند. حال آنکه یک میمون هم می‌تواند یک وولوو براند و این موضوع در میمون بودنش تغییری ایجاد نمی‌کند.

من در کوبا احساس می‌کنم که در خانه‌ی خودم هستم. من از وطنم دست نمی‌کشم چون نمی‌خواهم مادر مریضم را به حال خودش رها کنم. اما، من در کوبا می‌توانم مردم را همرزم[2] صدا کنم. مجبور نیستم کسی را با القاب قربان و حضرت‌عالی یا چیز دیگری از این قبیل صدا کنم.

در نظامی که بر کوبا حاکم است، ارزش هر فرد به وجود خود اوست. و وقتی من درباره‌ی نظام حاکم بر کوبا صحبت می‌کنم، منظورم نظام

۱- آگوستو سزار ساندینو (Augusto César Sandino) ارتشی متشکل از کارگران و دهقانان را در جنگ علیه اشغالگران نظامی ایالات متحده در سال‌های ۱۹۲۷ تا ۱۹۳۳ در نیکاراگوئه رهبری کرد.

2- Compañero

سوسیالیستی است. در چنین نظامی ارزش هر فرد برمبنای اینکه چقدر وجود خود را صرف اجتماع می‌کند ارزیابی می‌شود. در نظام حاکم بر پورتوریکو ارزش هر فرد مبتنی بر مایملک‌اش اندازه‌گیری می‌شود و آنان ما را دایماً به جان هم می‌اندازند.

> "در نظر من کوبا به مردم عزت و انسانیت می‌بخشد. ولی این نظام حاکم، انسانیت را از مردم می‌گیرد. مردم را مثل سگ به جان یکدیگر می‌اندازد."

در نظر من کوبا به مردم عزت و انسانیت می‌بخشد. ولی این نظام حاکم، انسانیت را از مردم می‌گیرد. مردم را مثل سگ به جان یکدیگر می‌اندازد. فلسفه‌ی حاکم بر آن چنین است. و آنان دایماً به مردم به گونه‌ای تلقین می‌کنند که بتوانند ارزش‌های انسانی آنان را از وجودشان بزدایند. آنان ارزش‌هایی را به انسان تلقین می‌کنند که برای دستیابی به آن‌ها باید دایماً به دنبال پول بدویم و بدین ترتیب به‌عنوان ابزار کارآمدتری در خدمت آنان درآییم و ارزش‌های انسان را چنان از او می‌گیرند که به خفت و خواری تن در دهیم. فقط انسان‌هایی عزت نفس و طغیان را در وجود خود می‌توانند حفظ کنند که به ارزش‌های خود پایبند باشند.

من همیشه یک ملی گرا و مدافع وطنم بوده‌ام. اما، من ملی‌گرایم چون سوسیالیست هستم. و من یک سوسیالیستم چون یک ملی‌گرایم. من برای وطنم سوسیالیسم را می‌خواهم، چون عالی‌ترین شرایط را برای وطنم و جهان طالبم.

دان پِدرو (آلبیزو کامپوس)^[1] همیشه می‌گفت اول باید کلید خانه را داشته باشی، بعد راجع به چگونه رنگ زدنِ در و دیوارش بیاندیشی. او می‌گفت که ما اول باید برای استقلال بجنگیم و آزاد شویم، بعد آقای کشور خودمان خواهیم شد. سپس می‌توانیم تصمیم بگیریم که چگونه نظامی می‌خواهیم در اینجا مستقر کنیم.

اما، تا زمانی‌که ما یک کشور آزاد نیستیم، ایالات متحده، صاحبان سرمایه در وال استریت نیویورک و نظامیان پنتاگون ـ که هر دوی این‌ها یکی هستند ـ تصمیم می‌گیرند که ما چگونه زندگی کنیم.

کوبا توانست سوسیالیست شود، چون اول حق حاکمیت خود را تثبیت کرده بود. کوبا توانست در چارچوب حاکمیت خود، نوع زندگی خود را تعیین کند.

من همان‌قدر به سوسیالیسم معتقدم که به استقلال وطنم اعتقاد دارم. من حاضر نیستم که وطنم به گونه‌ای آزاد شود ـ با توجه به از خود گذشتگی‌های زیادی که در طول مبارزه انجام شده است ـ تا چند نفر انگل‌صفت بر زندگی مردم تسلط پیدا کنند و به قیمت فقر مردم ثروت بیاندوزند. من خواهان این نوع استقلال نیستم.

بسیار خوب، تا زمانی‌که شوروی وجود داشت، برای خیلی‌ها سوسیالیست بودن مثل بر سینه زدن یک مدال بود، تقریباً مد روز بود. زیرا قدرتی وجود داشت. بعداً معلوم شد بسیاری از کسانی که سوسیالیست هستند به دلیل وجود یک قدرت است که سوسیالیست‌اند، نه به خاطر اینکه واقعاً به سوسیالیسم معتقدند.

بسیاری از آن‌هایی که یک روز می‌توانستند بگویند که مارکس و انگلس و لنین هر کدام چند مو در ریششان داشتند، امروز حتی یک کلمه هم درباره‌ی سوسیالیسم به زبان نمی‌آورند. امروز، بسیاری از آنان خود را

1- Don Pedro (Albizu Campos)

وارد جریانی کرده‌اند که قبلاً آن را به‌عنوان ناسیونالیسم تقبیح می‌کردند. حال آنکه این جریان تنها دری است که برای ادامه‌ی مبارزاتشان بازمانده است.

آن‌ها قبلاً به عکس پدرو آلبیزو کامپوس ارجی نمی‌نهادند، در حالی که او برای هویت و برای اثبات وجود پورتوریکو مبارزه کرده بود. آنان عکس لنین و دیگران را در معرض نمایش می‌گذاشتند. البته، من در این‌باره انتقادی از آنان ندارم. ولی اکنون عکس‌های مارکس و انگلس و لنین را در هیچ جا نمی‌بینید.

اما، اگر کسی به سوسیالیسم معتقد باشد، بر اعتقاد خود استوار می‌ایستد، حتی اگر تنهای تنها هم باشد. حال چه بیست هزار کشور سوسیالیست وجود داشته باشد یا یک کشور، اگر به سوسیالیسم اعتقاد داشته باشید فرقی نخواهد کرد.

بنابراین، حالا که بسیاری از مدعیان سابق سوسیالیسم ــ که مدعی سوسیالیسم بودند چون قدرت‌های خاصی وجود داشت و چون می‌توانستند به اتحاد شوروی مسافرت کنند ــ دیگر چنین ادعایی ندارند و در نتیجه حالا من می‌گویم که یک سوسیالیستم.

حالا دیگر کسی نمی‌تواند بگوید که: "او چنین حرف‌هایی را می‌زند چون شوروی به‌عنوان یک قدرت وجود دارد." خیر.

من این را به خاطر این نمی‌گویم که چند قدرت سوسیالیستی در جایی وجود دارد. من این را می‌گویم چون به سوسیالیسم معتقدم، تمام. ∎

ما راست قامت از زندان بیرون آمدیم

نویسندگان: مارتین کاپل

با کمک: رولاند جیرارد و ژاکوب پِراسو[1]

رافائل کانسل میراندا یکی از رهبران مبارزات استقلال‌طلبانه‌ی پورتوریکو و یکی از پنج ملی‌گرایی است که در اوایل دهه‌ی ۱۹۵۰ در واشنگتن دی سی علیه سیاست‌های استعماری ایالات متحده دست به اعتراض مسلحانه زدند. کانسل میراندا به همراه لولیتا لِبران، آندرس فیگوئرا کوردِرو و ایروینگ فلورس[2] در سال ۱۹۵۴ در مجلس کنگره‌ی ایالات متحده تظاهرات مسلحانه بر پا کردند. اسکار کولازو[3] در سال ۱۹۵۰ در حمله‌ی مسلحانه به قصر بلر که محل اقامت موقت رییس جمهور هاری ترومن[4] بود شرکت داشت.

این پنج مبارز ملی‌گرا به‌خاطر فعالیت برای استقلال وطنشان بیش از یک ربع قرن در زندان به‌سر بردند. دولت ایالات متحده که تحت فشار یک مبارزه‌ی بین‌المللی برای آزادی این پنج تن قرار گرفته بود بالاخره فیگوئرا کوردرا را در سال ۱۹۷۸ و چهار تن دیگر را در ۱۹۷۹ آزاد کرد.

در مصاحبه‌ای که دو تن از خبرنگاران نشریه‌ی میلیتانت، رولاند جیرارد و ژاکوب پراسو در ۲۷ آوریل ۱۹۹۸ در شهر کابو روخو در پورتوریکو انجام دادند و در مباحثات بعدی با این خبرنگاران، کانسل

1- Rollande Girard and Jacob Perasso
2- Lolita Lebrón, Andrés Figueroa Cordero, Irving Flores
3- Oscar Collazo 4- President Harry Truman

میراندا زمینه‌های پیدایش این اتفاقات متأثر کننده و نیز تجربیات سیاسی خود در دوران زندان را بازگو کرد.

کانسل میراندا در اوایل دهه‌ی ۱۹۴۰ در نوجوانی در شهر مایاگوئز پا به عرصه‌ی مبارزات استقلال‌طلبانه نهاد.

او در این مصاحبه گفت: "پدر من مسئول کمیته‌ی حزب ملیّون در مایاگوئز بود. من در میان ملیّون بزرگ شدم. من با نام پدرو آلبیزو کامپوس بزرگ شدم. او و پدرم دو همرزم بودند و وقتی کامپوس برای سخنرانی به مایاگوئز می‌آمد در منزل ما اقامت می‌کرد." آلبیزو کامپوس به مدت چند دهه رهبر مرکزی حزب ملیّون و جنبش استقلال‌طلبانه‌ی پورتوریکو بود.

در ۲۱ مارس ۱۹۳۷، پدر و مادر کانسل میراندا در یک تظاهرات حزب ملیّون در شهر پونسه[1] شرکت کرده بودند که این تظاهرات به دستور ژنرال بالنتون وینشیپ[2] به گلوله بسته شد. این ژنرال، حاکم دست‌نشانده‌ی ایالات متحده در پورتوریکو بود. پلیس بر روی تظاهرات صلح‌آمیز مردم آتش گشود و بیست و یک نفر را کشت و دویست نفر را زخمی کرد. کانسل میراندا در آن زمان شش ساله بود. او در این مصاحبه می‌گوید: "فرانکلین دلانو روزولت از بلانتون وینشیپ تقدیر کرد، تحت این عنوان که وینشیپ با قتل عام مردم ما از 'دموکراسی' دفاع کرده است."

او می‌گوید: "پدر و مادر من از این قتل عام جان سالم به در بردند. مادرم با لباس سفید به آنجا رفت و با لباس قرمز برگشت، چون مجبور بود از روی اجساد کشته‌شدگان در حالی بگذرد که گلوله‌ها از فراز سرش می‌گذشتند." کانسل میراندا هرگز آن صحنه را فراموش نکرده است.

یکی دو روز بعد از آن واقعه، کانسل میراندا که کلاس اول دبستان بود حاضر نشد به پرچم ایالات متحده سوگند وفاداری یاد کند و در دم از

1- Ponce

2- Blanton Winship

مدرسه اخراج شد.

میراندا به‌تدریج که بزرگتر شد، از حقایق قتل عام پونسه و سایر واقعیت‌های خشن ناشی از سلطه‌ی استعماری ایالات متحده بر پورتوریکو بیش از پیش مطلع شد. او می‌گوید: "با گذشت سال‌ها، من به دنبال ریشه‌ی مسأله گشتم، همین‌طور به دنبال عقایدی که پدرم و دوستان ملی گرایم، که همه جدی و شریف بودند، ترویج می‌کردند. می‌خواستم مثل آن‌ها باشم.

"در مدرسه یاد گرفتم که چگونه کشتی‌های جنگی ایالات متحده در ۱۲ مه ۱۸۹۸ به سان خوان شلیک کردند، مردم پورتوریکو را کشتند و در ۲۵ ژوییه همان سال این کشور را اشغال کردند. من این حقایق را آموختم و خود نتیجه گرفتم که حق با پدر و مادرم و سایر ملّیون است. من ملی گرا و حامی استقلال پورتوریکو شدم.

"هنگامی که نوجوان بودم به اتفاق دیگران کمیته‌های ملّیون را در شهرهای مختلف ایجاد کردیم. در رادیو یک برنامه داشتیم و روزنامه‌ی کوچکی را منتشر می‌کردیم."

کانسل میراندا به‌یاد می‌آورد که آلبیزوکامپوس، رهبر حزب ملّیون، را در دسامبر ۱۹۴۷ به هنگام بازگشت کامپوس از زندان‌های ایالات متحده ملاقات کرد. کامپوس به‌عنوان رهبر حزب ملّیون، به مدت ده سال در زندان‌های ایالات متحده در آتلانتا و سپس در نیویورک زندانی شده بود. اتهام وارده بر او توطئه برای سرنگونی حکومت ایالات متحده و "ترویج شورش" علیه این حکومت بود. میراندا می‌گوید: "من به‌عنوان بخشی از کادت‌های[1] جمهوری به استقبال او رفتم. کادت‌ها بخش نظامی حزب ملّیون بودند. اونیفرم ما پیراهن سیاه و شلوار سفید بود."

1- Cadets of the Republic

در حبس به جرم امتناع از خدمت سربازی برای ایالات متحده
بعد از جنگ جهانی دوم دولت ایالات متحده سعی کرد زبان انگلیسی را به‌عنوان زبان رسمیِ تدریس در مدارس پورتوریکو جا بیاندازد، اما مقاومت گسترده‌ای علیه واشنگتن شکل گرفت و واشنگتن را مجبور کرد دست از تلاش بردارد. کانسل میراندا به خاطر می‌آورد: "وقتی در دبیرستان سعی کردند ما را مجبور کنند که در کلاس به زبان انگلیسی صحبت کنیم، در دفاع از زبان خود اعتصاب راه انداختیم و من و عده‌ای دیگر متهم به راه انداختن اعتصاب شدیم. آن‌ها مرا از دبیرستان بیرون انداختند و از تحصیل در شهر خودم محروم کردند. گرچه فقط دو ماه از پایان تحصیلم در دبیرستان باقی مانده بود، مجبور شدم برای خاتمه‌ی دبیرستان به سان خوان بروم."

علاوه بر این‌ها، واشنگتن در متقاعد ساختن جوانان پورتوریکو برای پیوستن به ارتش ارباب استعمارگری که وطنشان را اشغال کرده بود مشکل داشت. در طی جنگ جهانی دوم، عده‌ی کثیری از جوانان پورتوریکویی به خاطر امتناع از خدمت در ارتش ایالات متحده به زندان افتاده بودند. در طی سال‌های جنگ کره، از ۱۹۵۰ الی ۱۹۵۳، در حدود صد هزار پورتوریکویی از خدمت سربازی سرباز زدند. در سال ۱۹۴۸، کانسل میراندا که در آن زمان هیجده ساله بود، به صف مخالفان سربازگیری ایالات متحده پیوست و به ارتش آن نپیوست.

او به خاطر می‌آورد که "یکروز به همراه سایر دانش‌آموزان در سان خوان به مدرسه می‌رفتم و چهار مرد در گوشه‌ای در یک اتومبیل در کمین نشسته بودند. آن‌ها چهار مأمور اف‌بی‌آی بودند. من کتاب‌هایم را به سایر دانش‌آموزان دادم تا به محل زندگیم ببرند، زیرا دریافتم که ممکن است بازگشتی در کار نباشد. آن چهار مأمور مرا به جرم مقاومت در مقابل

خدمت نظام وظیفه دستگیر کردند. بعداً شش یا هفت محصل دیگر را نیز دستگیر کردند.

"عقلانی نیست در همان ارتشی باشید که وطن شما را اشغال و مردمتان را قتل عام می‌کند."

"به نظر من، عقلانی نیست در همان ارتشی باشید که وطن شما را اشغال و مردمتان را قتل عام می‌کند. اگر قرار است مبارزه کنید، باید با خود آن‌ها مبارزه کنید.

"دادگاه ایالات متحده در پورتوریکو که آن‌ها به آن می‌گویند دادگاه فدرال اما یک دادگاه خارجی است، مرا به دو سال و یکروز زندان محکوم کرد. آن‌ها مرا به همراه پنج یا شش نفر در هواپیما گذاشتند و به زندان ایالات متحده در شهر تالاهاسی ایالت فلوریدا فرستادند."

در آنجا کانسل میراندا خیلی زود با جداسازی‌هایی نژادپرستانه مواجه شد و در مخالفت با آن رو در روی زندانبانان قرار گرفت. در آن هنگام، خوابگاه‌های زندانیان برمبنای قانون جیم کرو[1] به سیاه و سفید تقسیم شده بود.

او می‌گوید: "به دلایلی آن‌ها مرا در خوابگاه سفیدپوستان قرار دادند. سفیدپوستان و سیاهپوستان در زندان جدا از هم غذا می‌خوردند، اما من می‌توانستم هر وقت تمایل داشتم با سیاهپوستان غذا بخورم. تعدادی پورتوریکویی بودند که چون رنگ پوستشان قدری از من تیره‌تر بود در

1- Jim Crow

خوابگاه سیاهپوستان اسکان داده شده بودند. یکی از گاردهای زندان که نامش هاینس[1] بود یکی از ما را که رنگ پوستش تیره‌تر بود با واژه‌های نژادپرستانه خطاب کرد. من با خودم گفتم: 'اگر با من چنین کنی، خدمتت می‌رسم.'

"یک روز وقتی آن گارد نژادپرست مرا اذیت کرد با مشت او را زدم. بدین ترتیب، پنج ماه تخفیفی را که به مناسبت رفتار خوب در زندان به دست آورده بودم از دست دادم. آن‌ها مرا به 'سیاهچال' یعنی زندان انفرادی انداختند و من مجبور شدم تمامی دو سال و یک روز را در زندان طی کنم."

زمانی که واشنگتن تجاوز علیه کره را در سال ۱۹۵۰ آغاز کرد، کانسل میراندا در زندان تالاهاسی بود. در همان سال حزب ملیّون در پورتوریکو قیام مسلحانه کرد، ولی رژیم استعماری موفق شد آن را با قساوت سرکوب کند. هزاران نفر دستگیر شدند، از جمله پدر کانسل میراندا.

او ادامه می‌دهد: "وقتی در سال ۱۹۵۱ از زندان برگشتم، ازدواج کردم. اما، هنوز یازده روز بیشتر از ازدواجم نگذشته بود که آن‌ها خواستند مرا به جرم فرار از سربازی دستگیر کنند. همسرم، کارمن، و خواهرم، زورایدا[2]، به من گفتند: نگذار دستگیرت کنند!

"بنابراین، من با یک نام مستعار به کوبا رفتم و چهارده ماه در آنجا زندگی کردم. من در هاوانا شغلی در کارهای ساختمانی در پروژه‌ی ساخت تونل در زیر رودخانه‌ی آلمندارس[3] یافتم. من چند ماه در آن شغل مشغول بودم. مدتی بعد از ان، دیکتاتور فولجنسیو باتیستا[4] که دست‌نشانده‌ی ایالات متحده بود مرا به زندان انداخت و از آن کشور

1- Haynes
2- Carmen, Zoraida
3- Almendares
4- Fulgencio Batista

اخراج کرد و به پورتوریکو عودت داد. باتیستا در مارس ۱۹۵۲ از طریق یک کودتای نظامی به قدرت رسیده بود.

مدتی پس از آن کانسل میراندا به بروکلین [نیویورک] رفت و در آنجا به همسرش پیوست. در آنجا او به جریانی پیوست که به مخالفت با واشنگتن برخاسته بود، چون واشنگتن مانع از آن بود که موقعیت استعماری پورتوریکو در سازمان ملل به بحث گذاشته شود.

تظاهرات مسلحانه در کنگره‌ی ایالات متحده

او توضیح می‌دهد: "از پایان جنگ جهانی دوم تا سال ۱۹۵۲، ایالات متحده باید در خصوص وضعیت پورتوریکو به سازمان ملل گزارش می‌داد. سازمان ملل کمیته‌ای در زمینه‌ی مناطق استقلال نیافته داشت و پورتوریکو به‌عنوان یک مستعمره در فهرست آن قرار داشت. دولت ایالات متحده می‌خواست نام پورتوریکو را از این فهرست حذف کند، چون مایل نبود به سازمان ملل درباره‌ی آن گزارش دهد و دنیا زگیل‌هایش را ببیند، ایالات متحده در ۱۹۵۳ در سازمان ملل اقامه‌ی دعوی کرد و مدعی شد در سال ۱۹۵۲ پورتوریکو به دنبال یک رأی‌گیری آزاد 'مشترک‌المنافع' شده است و ادعا کرد که ما از وضعیت خود راضی و خوشحالیم."

میراندا اضافه می‌کند: "ما به فعالانی پیوستیم که برای جلب نظر مساعد نمایندگان کشورها در سازمان ملل تلاش می‌کردند. چند بار من به اتفاق همسرم برای صحبت با سفیر هندوستان در سازمان ملل به آنجا رفتیم. او از دوستان پورتوریکو بود و به طرفداری از موضع ما در سازمان ملل می‌جنگید، اما، یانکی‌ها پیروز و موفق شدند نام پورتوریکو را از فهرست کشورهای غیرحاکم بر سرنوشت خود حذف کنند. آنها ما را

به‌عنوان بردگان راضی به دنیا معرفی کردند." واشنگتن حتی موفق شد ناظر رسمی حزب ملیّون را از سازمان ملل اخراج کند. این حزب از سال ۱۹۴۵ در سازمان ملل ناظر رسمی داشت.

" حاکمان ایالات متحده پول و اسلحه داشتند، اما ما نیروی برحق بودیم."

کانسل میراندا می‌گوید که به منظور عکس‌العمل در مقابل این موضوع، او و سه ملی‌گرای دیگر که ساکن نیویورک بودند "تصمیم گرفتیم تظاهراتی بر پا کنیم که توجه جهان را به واقعیت موجود در پورتوریکو جلب کند و به دنیا نشان دهد که پورتوریکوهایی هستند که آماده‌اند برای استقلال بمیرند و اینکه دولت ایالات متحده با طرح موضوع 'بازار مشترک' قصد دارد سرِ سازمان ملل، مردم و جهان از جمله مردم ما کلاه بگذارد."

سه نفر دیگر عبارت بودند از: آندرس فیگوئورا کوردِرو، ایروینگ فلورس و لولیتا لبران. در آن هنگام کانسل میراندا بیست و سه سال داشت و شغل‌اش کارگر دستگاه پرس در یک کارخانه‌ی تولید کفش در نیویورک بود. فیگوئورا کوردِرو در یک قصابی کار می‌کرد، فلورس در یک کارخانه‌ی مبل‌سازی مشغول کار بود و لبران در یک کارگاه دوزندگی با ماشین خیاطی کار می‌کرد.

کانسل میراندا می‌گوید: "حاکمان ایالات متحده پول و اسلحه داشتند، اما ما نیروی برحق بودیم. ما به واشنگتن رفتیم تا یک تظاهرات مسلحانه

بر پا کنیم. می‌دانستیم اگر با پلاکارد به آنجا برویم نخواهیم توانست توجه کسی را جلب کنیم. آنجا ما در اول مارس ۱۹۵۴ در داخل کنگره‌ی آمریکا تیر اندازی کردیم. تیرها از جایگاه ناظرین شلیک می‌شد و پنج نماینده‌ی کنگره را مجروح کرد.

"آن‌ها ما را در واشنگتن دی سی محاکمه کردند. سه نفر به هفتاد و پنج سال و لولیتا به پنجاه سال زندان محکوم شدند. سپس ما را به نیویورک بردند و در آنجا به اتهام 'توطئه برای سرنگونی حکومت با توسل به زور و خشونت' محاکمه کردند و شش سال بر زندان ما افزودند. آیا تصورش را می‌کنید که به مغزمان خطور کند که با اسلحه‌ی کمری بتوانیم حکومت ایالات متحده را سرنگون کنیم؟ ای کاش می‌توانستم چنین کنم!"

این چهار ملی‌گرا به چهار زندان مختلف اعزام شدند. فیگوئورا کوردِرو به زندان تأدیبی فدرال آتلانتا، لبران به زندان زنان آلدرسون در وست ویرجینیا و فلورس به لیون‌ورث در کانزاس، جایی که اسکار کولارو از سال ۱۹۵۰ به‌عنوان کهنه‌سرباز عملیات قصر بلر زندانی بود. کانسل میراندا به زندان جزیره‌ای آلکاتراز[1] در خلیج سانفرانسیسکو فرستاده شد.

میراندا می‌گوید: "من افتخار آن را داشتم که تنها ملی‌گرایی باشم که در زندان آلکاتراز زندانی شدم، یعنی بدترین زندانی که داشتند. آن‌ها فکر کردند با این کار مرا تحقیر کرده‌اند، حال آنکه مرا مفتخر کرده بودند. مثل این بود که مدال بزرگی به من داده باشند. اگر گفته بودند 'تو پسر خوب هستی' معنی آن این بود که برای مردمم نمی‌جنگیدم.

"من شش سال در آلکاتراز زندانی بودم. در تمام آن شش سال به من

1- Federal Penitentiary of Atlanta; Alderson, West Virginia; Leavenworth, Kansas, Alcatraz, San Francisco Bay.

اجازه‌ی ملاقات با بچه‌هایم را ندادند. یکی دو بار، من و همسرم در اطاق ملاقات از پشت شیشه با تلفن با هم صحبت کردیم. و مجبور بودیم به زبان انگلیسی با هم صحبت کنیم.

"سپس مرا به لیون‌ورث فرستادند و ده سال هم در آنجا زندانی بودم. آندرس، ایروینگ، اسکار و من چندین سال در لیون‌ورث در کنار هم بودیم.

"در سال ۱۹۷۰ در لیون‌ورث اعتصاب به راه انداختیم، چون با چند تن از ما بدرفتاری می‌کردند. ما دست از کار کشیدیم. آن‌ها مرا به جرم راه انداختن اعتصاب پنج ماه به زندان انفرادی فرستادند."

در اواخر همان سال، کانسل میراندا به زندان فدرال ماریون در ایلینویز[1] منتقل شد و تا زمان آزادیش در سال ۱۹۷۹ در همانجا محبوس بود. او می‌گوید: "در زندان ماریون نیز اعتصاب شد. زیرا گارد یک زندانی مکزیکی را با باتون زده بود. آن‌ها مرا هیجده ماه در انزوا قرار دادند. اینبار مرا به واحد کنترل منتقل کردند و تحت 'برنامه‌ی تصحیح رفتار' قرار دادند. آن‌ها انواع داروها به خورد ما می‌دادند. وقتی این‌ها اثر نکرد، از چماق علیه ما استفاده کردند."

رفتاری که به صورت روزمره با ملی‌گرایان می‌شد آنقدر بد بود که وقتی اخبار آن به اطلاع عموم رسید به مبارزه‌ی وسیعی برای آزادی آنان دامن زد. هنگامی که پدر کانسل میراندا در سال ۱۹۷۷ فوت کرد، مدافعانش برای شرکت او در مراسم دفن پدرش فعالیت وسیعی به راه انداختند. او به یاد می‌آورد: "من برای شرکت در مراسم دفن پدرم هفت ساعت در پورتوریکو بودم. اما زمانی که مردم من مطلع شدند که مرا هنگام انتقال از فرودگاه سنت لوییس تا پورتوریکو در یک قفس سگ

1- Marion Federal prison, Illinois

حبس کرده‌اند، بسیار عصبانی شدند. داستان این بود: در زمانی که منتظر رسیدن هواپیمای بعدی بودیم، آن‌ها یک سگ را از قفس بیرون آوردند و مرا به جای سگ در قفس حبس کردند. من موضوع را به‌صورت یک امر پیش‌پا افتاده به مردم گفته بودم. برای من که سال‌ها در زندان به سر برده بودم موضوع عادی به‌نظر می‌رسید، اما برای مردم غیرقابل تصور بود."

کانسل میراندا می‌گوید: "سال‌ها در زندان به فرار می‌اندیشیدم، زیرا حاضر نبودم به مرگ ناشی از کهولت در زندان تن در دهم. هنگامی که مبارزه برای آزادی ما آغاز شد، من دست از این افکار کشیدم، زیرا این مبارزه شد کار سیاسی ما."

فعالیت سیاسی در پشت میله‌های زندان

مبارزه‌ی رو به رشد و گسترده‌ی بین‌الملل برای آزادی ملیّون پورتوریکو نتیجه و بخشی از رادیکالیزاسیون عمیق سیاسی در ایالات متحده در دهه‌های ۱۹۶۰ و ۱۹۷۰ بود. مبارزات توده‌ای آفرو-آمریکایی‌ها [سیاه‌پوستان] که باعث سقوط نظام تفکیک نژادی جیم کرو شد و شهامت ضدامپریالیستی انقلاب کوبا و عمیق‌تر شدن مخالفت با تلاش‌های ایالات متحده برای سرکوب مبارزات آزادیبخش مردم ویتنام و احیای جنبش استقلال‌طلبانه‌ی پورتوریکو، نیروهای محرکه‌ی این رادیکالیزاسیون بودند. در خود پورتوریکو مخالفت با خدمت نظام وظیفه آنقدر گسترش یافت که دستگیری عده‌ی کثیری هم کارساز نشد و دولت ایالات متحده مجبور شد در نهایت اتهامات وارده بر مقاومین [که حاضر به خدمت سربازی نشده بودند] در این جزیره را پس بگیرد.

مبارزه‌ی رو به رشد و گسترده‌ی بین‌المللی این خیزش اجتماعی و سیاسی در پشت میله‌های زندان نیز منعکس شد. در اواخر دهه‌ی ۱۹۶۰،

تعداد زندانیانی که به فعالیت‌های سیاسی پرداختند رو به افزایش نهاد و کانسل میراندا به صفوف آنان پیوست.

انقلاب کوبا اثر عمیقی بر کانسل میراندا باقی گذاشت. او اشاره می‌کند: "هر چه بیشتر و بیشتر راجع به کوبا شنیدم، دریافتم که این شباهتی با کودتاهای متعددی که در آمریکای لاتین رخ می‌داد نداشت، بلکه یک تحول اجتماعی واقعی بود. این واقعه آنچنان در درون وجود من راه پیدا کرده که انقلاب کوبا برایم به همان اندازه‌ی مبارزه برای آزادی مردم خودم حایز اهمیت شده است."

"من در واقع هرگز زندانی نبودم. هرگز احساس شکست نکردم، بلکه در داخل زندان به مبارزه ادامه دادم و امیدوار بودم به اینکه آزاد خواهم شد."

کانسل میراندا درباره‌ی جنبش چیکانوها[1] می‌گوید: "من در داخل زندان به این مبارزه پیوستم، از جمله مبارزه برای دفاع از کُرکی گونزالس[2] و دفاع از مبارزان عدالت‌خواه[3]." گونزالس و سازمان دفاع از حقوق چیکانوها که او آن را رهبری می‌کرد، به نام مبارزان عدالت‌خواه دِنور، در اوایل دهه‌ی ۱۹۷۰ تحت نظر دولت قرار گرفتند و برای آن‌ها پاپوش‌دوزی شد.

کانسل میراندا در ۱۶ سپتامبر هر سال به زندانیان مکزیکی و چیکانوها می‌پیوست که به بزرگداشت روز استقلال مکزیک دست از کار

1- Chicano   مکزیکی‌الاصل‌های ساکن ایالات متحده   2- Corkt Gonzales
3- Crusade for Justice

می‌کشیدند. او می‌گوید: "من در مبارزات سیاهپوستان نیز مشارکت داشتم. ما خیلی کارهای دیگر انجام می‌دادیم، حتی روزنامه‌هایی مثل روزنامه‌ی زندانیان چیکانو منتشر می‌کردیم به نام آزتلان[1]. من حتی یکی دو مقاله برای نشریه‌ی میلیتانت نوشتم.

"به عبارت دیگر، من در واقع هرگز زندانی نبودم. هرگز احساس شکست نکردم، بلکه در داخل زندان به مبارزه ادامه دادم و امیدوار بودم به اینکه آزاد خواهم شد. هنگامی که یک نفر تسلیم شود و به خود این عقیده را بقبولاند که آزاد نخواهد شد، آنگاه به یک قربانی تبدیل خواهد شد. زندان دنیای او خواهد شد. اما، هیچیک از ما تسلیم نشدیم."

در نخستین سال‌ها، هیچگونه مبارزه‌ای برای آزادی زندانیان سیاسی وطن‌پرست پانگرفته بود. کانسل میراندا می‌گوید: "ما به مدت پانزده سال یا بیشتر به دست فراموشی سپرده شده بودیم و در سکوت به سر می‌بردیم. اوضاع در آن زمان فرق می‌کرد. شاید در جایی صدای آهسته‌ای می‌پرسید: 'راستی چه بر سر آن چهار جوان ملی‌گرا آمده است؟' بعدها بود که مبارزه برای آزادی ما شروع شد. جریان از شیکاگو شروع شد، دو وکیل جوان آمریکایی به نام میشل دویتش و مارا سیگل از دفتر حقوق مردم[2] آن را شروع کردند."

مبارزه بین‌المللی برای دفاع

میراندا ادامه می‌دهد: "بعد از اعتصاب بزرگ در ماریون، من در بخش کنترل محبوس بودم، این در سال ۱۹۷۲ بود. یک نفر آفرو-آمریکن به نام اد جانسون یا آنگونه که خودش می‌خواست صدایش کنیم، آکین زیو[3]،

1- Aztlán
2- Michael Deutsch, Mara Siegel from the People's Law Office
3- Ed Johnson or Akinsiyu from Republic of New Africa

بود که دفتر حقوقی مردم را می‌شناخت. او عضو گروه جمهوری آفریقای نوین و به خاطر عقاید سیاسیش به زندان افتاده بود. آکین زیو به آن وکیل جوان، میشل دویتش نامه نوشت و از او خواست که از زندانیان بخش کنترل بازدید کند و توضیح داد که صد نفر در این بخش زندانی هستند. او نوشت که یک نفر پورتوریکویی هم در آنجا با او محبوس است که می‌تواند حقایق را برایش بازگو کند.

"مبارزه را محله‌ی پورتوریکونشین شیکاگو شروع کرد. سپس به جاهای دیگر کشیده شد. تا نیویورک گسترش یافت و به پورتوریکو کشیده شد. در ایالات متحده انواع و اقسام مردم در این مبارزه سهیم شدند."

مبارزه به کشورهای دیگر نیز گسترش یافت، به‌خصوص به آمریکای لاتین. صدای دولت انقلابی کوبا در دفاع از زندانیان وطن‌پرست از همه رساتر بود.

میراندا اشاره می‌کند: "در ونزوئلا کمیته‌ی دفاع از ما ایجاد شده بود. همین‌طور در کشورهای دیگر. حتی کمیته‌ی استعمارزدایی سازمان ملل نیز مصوبه‌ای برای آزادی ما پیشنهاد کرد.

"به شکرانه‌ی فعالیت‌های هزاران نفری که از ما حمایت کردند، در سال ۱۹۷۹ آزاد شدیم. ما ایستاده از زندان بیرون آمدیم، نه زانو زده."

رییس جمهور، جیمی کارتر، تحت فشار بین‌المللی، فیگوئرا کوردِرو را که سرطان گرفته بود و در حال مرگ بود در سال ۱۹۷۸ آزاد کرد. چهار زندانی دیگر در سپتامبر سال بعد آزاد شدند.

برخی از سخن‌گویان دوایر بزرگ سرمایه بلافاصله صدای اعتراض خود را علیه آزادی این زندانیان سر دادند و به آنها برچسب تروریست زدند. کانسل میراندا به خاطر می‌آورد: "دو روز پس از آزادی ما یک

روزنامه در شیکاگو سؤال کرد که چگونه ممکن است هزاران نفر در پورتوریکو منتظر ما باشند در حالی که پرچم پورتوریکو را دست گرفته‌اند. چند روز قبل از آن نیز هزاران نفر از مردم محله‌های پورتوریکونشین در نیویورک و شیکاگو به استقبال از آزادی ما تجمع کرده بودند.

"دوایر بزرگ سرمایه نمی‌توانستند درک کنند که چگونه ممکن است مردم پورتوریکو این افراد را قهرمانان خود بدانند، در حالی که به نمایندگان کنگره‌ی 'آن‌ها' شلیک کرده بودیم.

"اما، آن‌ها در درک مردم ویتنام نیز عاجز ماندند. چگونه مردم ویتنام توانستند برای وطن خود بجنگند و آنان را شکست دهند." ■

زندانیان سیاسی پورتوریکو،
هم‌اکنون محبوس در زندان‌های ایالات متحده

هم‌اکنون یک مبارزه‌ی بین‌المللی برای آزادی پانزده زندانی سیاسی که اسامی‌شان در اینجا آمده در جریان است. مدت زندان و اسامی زندان‌ها نیز درج شده است (اف سی آی مخفف انستیتوی تأدیبی فدرال و یو اس پی مخفف زندان ایالات متحده[1] است). سیزده تن از آن‌ها بین سال‌های ۱۹۸۰ تا ۱۹۸۳ و دو تن در سال ۱۹۸۵ دستگیر شده‌اند. نفر شانزدهم یک زندانی استقلال‌طلب به نام هایدیی بلتران است که جدا از پانزده تن دیگر برای آزادی خود به قید التزام تلاش می‌کند.

Antonio Camacho	آنتونیو کاماچو ـ ۱۵ سال، بازداشتگاه فدرال، میامی
Edwin Cortés	ادوین کورتز ـ ۳۵ سال، یو اس پی، لوییزبرگ، پنسیلوانیا
Elizam Escobar	الیزام اسکوبار ـ ۶۸ سال، اف سی آی، ال رنو، اکلاهما
Ricard Jiménez	ریکاردو خیمنز ـ ۹۸ سال، یو اس پی، ترهاوت، ایندیانا
Oscar López Rivera	اسکار لوپز ریورا ـ ۷۰ سال، یو اس پی، ترهاوت، ایندیانا
Adolfo Matos	آدولفو ماتوس ـ ۷۸ سال، یو اس پی، لومپوک، کالیفرنیا
Dylcia Pagán	دیلچیا پاگان ـ ۶۳ سال، اف سی آی، دوبلین، کالیفرنیا
Alberto Rodríguez	آلبرتو رادریگز ـ ۳۵ سال، یو اس پی، بومانت، تگزاس
Alicia Rodríguez	آلیشیا رودریگز ـ ۸۵ سال، اف سی آی، دوبلین، کالیفرنیا
Ida Luz Rodríguez	آیدا لوز رودریگز ـ ۸۳ سال، اف سی آی، دوبلین، کالیفرنیا
Luis Rosa	لوییس روزا ـ ۱۰۵ سال، یو اس پی، لیونورث، کانزاس
Juan Segarra Palmer	خوان سگارا پالمر ـ ۵۵ سال، اف سی آی، کولمان، فلوریدا
Alejandrina Torres	آلخاندرینا تورس ـ ۳۵ سال، اف سی آی، دان‌باری، کِنِتیکا
Carlos Alberto Torres	کارلوس آلبرتو تورس ـ ۷۸ سال، اف سی آی، آکسفرد، ویسکانسین
Carmen Valentín	کارمن والنتین ـ ۹۸ سال، اف سی آی، دوبلین، کالیفرنیا

1- FCI= Federal Correctional Institution, USP= U.S. Penitentiary

ضمیمه

پورتوریکو:
مستعمره‌ی ایالات متحده در دریای کارائیب

خوزه جی پرز

ضمیمه

پورتوریکو:

مستعمره‌ی ایالات متحده در دریای کارائیب

خوزه جی پرز[1]

(این ضمیمه ترجمه‌ی فارسی جزوه‌ی "پورتوریکو: مستعمره‌ی ایالات متحده در دریای کارائیب" است که انتشارات پات‌فایندر آن را در سال ۱۹۷۶ منتشر کرد و در سال ۱۹۹۸ برای پنجمین بار تجدید چاپ شده است.م)

*

برای مردم پورتوریکو هیچ چیز طنزآمیزتر از جشن دویستمین سالروز استقلال آمریکا نیست. درست در همان زمانی که مراسم جشن برگزار می‌شود، برنامه‌های تلویزیونی پخش می‌شود و مجلات مقاله‌هایی در مورد دویستمین سالگرد انقلابی که منجر به آزادیِ آمریکای مستعمره [از انگلستان] شد می‌نویسند، حاکمان ایالات متحده یکبار دیگر با یکدیگر مشغول بحث و جدل می‌شوند که با جزیره‌ای که در دریای کارائیب تحت تصرف دارند، چه کنند.

برخی از بلندگوهای اصلی شرکت‌های بزرگ مالی‌تجاری، نظیر مجله تایمز، نیویورک تایمز و بارونز[2] (که به‌وسیله [موسسه‌ی ثروتمند] داوجونز چاپ می‌شود) مقاله‌های اصلی خود را به این موضوع اختصاص داده‌اند.

1- José G. Pérez 2- Barron's

و در ژانویه ۱۹۷۶ کنگره‌ی آمریکا مناظره‌ای را در مورد تصویب طرح "اتحاد تنگاتنگ دایم بین پورتوریکو و ایالات متحده" آغاز می‌کند، که تکرار وضعیت قانونی کنونی جزیره با استفاده از جملات جدید است.

دلواپسی نمایندگان وال استریت[1] از چیست؟ پورتوریکو بعد از دو دهه رشد ناچیز اقتصادی، در حال حاضر در یک بحران اقتصادی غوطه‌ور شده است که بیشتر آمریکای شمالی‌ها به سختی می‌توانند آن را تصور کنند، چون نرخ واقعی بیکاری آنقدر بالا رفته که به ۴۰ درصد رسیده است. نگرانی‌ای که در بین حاکمان ایالات متحده وجود دارد، آنچنان که نشریه بارونز اشاره می‌کند، این است که "تلاطم سیاسی نمی‌تواند خیلی دور باشد". به راستی که آنجا تلاطم سیاسی از مدتی قبل قد علم کرده است. نه فقط اعتصابات و اعتراضات علیه اخراج‌های دسته جمعی و کاهش امکانات صورت می‌گیرد، بلکه، برای اولین بار بعد از دهه‌ی ۱۹۳۰، نهضت استقلال‌طلب حمایت وسیع جنبش کارگران سازمان یافته پورتوریکویی را به سوی خود جلب کرده است.

برای درک بحران اقتصادی و ناآرامی سیاسی در آن جزیره و برای فهم بحثی که در سازمان ملل در مورد پورتوریکو در جریان است و برای درک مانورهای درون کنگره‌ی آمریکا، ضروری است که از یک واقعیت ساده شروع کنیم. واقعیتی که مطبوعات سرمایه‌داری و سیاستمداران آن‌ها دوست ندارند به آن اذعان کنند: پورتوریکو مستعمره‌ی ایالات متحده است. مستعمره نه به معنای امروزی و به‌عنوان واژه‌ای اغراق‌آمیز، بلکه مستعمره با همان معنی الگوی قدیمی و کلاسیک خود: یعنی کشوری که بوسیله کشور دیگری اداره می‌شود، ملتی که حق ندارد قوانین خود را وضع کند، در مورد سیاست خارجی خود تصمیم بگیرد و یا امور

1- Wall Street

اقتصادی خود را اداره کند.

و "اتحاد تنگاتنگ دایم" نیز یک تلاش از آخرین سری تلاش‌ها برای اختفای روابط امپریالیستی در مقابل افکار عمومی جهان است، جهانی که مملو از ملت‌های مستقل نوپا و حرکت‌های آزادیبخش ملی است.

در این نوشته، تاریخ آن روابط استعماری با پورتوریکو را از ابتدا تاکنون رقم می‌زنیم و اینکه این روابط چه بر سر مردم پورتوریکو آورده است. همچنین سابقه‌ی مبارزه‌ی طولانی مردم پورتوریکو برای کنترل سرنوشت خود را تشریح می‌کنیم.

از یک سلطه‌گر به سلطه‌گری دیگر

پورتوریکو جزیره‌ای با سه میلیون جمعیت است. موقعیت استراتژیک آن در دریای کارائیب که نزدیک راه‌های کشتیرانی از اقیانوس اطلس به آمریکای مرکزی و جنوبی است، از همان زمانی که کولومبوس راه خود را به‌سوی هندوستان گم کرد و سر از نیمکره غربی درآورد، نقش مهمی در تاریخ این کشور داشته است.

مردمان امروز پورتوریکو دارای سه ریشه فرهنگی هستند: اهالی بومی، مهاجران مستعمره‌نشین اسپانیایی و بردگان آفریقایی که اسپانیایی‌ها به آنجا آوردند. پورتوریکو تا سال ۱۸۹۸ به مدت چهار قرن تحت اشغال اسپانیا بود. حاکمان امپراطوری اسپانیا پورتوریکو را به‌عنوان یک پایگاه نظامی و حلقه‌ای کلیدی در زنجیره‌ای از بنادر اسپانیایی ـ از اسپانیا گرفته تا تمامی بنادر مستعمره‌ی دیگرش در دنیای جدید ـ بسیار با‌ارزش می‌دانستند. اسپانیا از طریق یک حکومت استبدادی نظامی‌ـ‌کلیسایی بر این کشور حکومت و قیام‌های بردگان، سرخپوستان و دهقانان را سبعانه سرکوب می‌کرد.

ملی گرایی در اوایل قرن هیجدهم به‌عنوان یک نیرو در پورتوریکو شروع به خیزش کرد، همانگونه که در سایر کشورهای نیم‌کره‌ی غربی نیز در آن زمان خیزش کرده بود. فرهنگ محلی آن کاملاً متمایز از فرهنگ اسپانیایی توسعه یافته و شامل عناصری بود از سه فرهنگی که قبلاً نام بردیم. مردم برای اوّلین بار در مورد پورتوریکویی بودن خود یا کریولوس[1] (جمعیت بومی زاد) و به‌عنوان مردمی متمایز شروع به اظهار وجود کردند. درباره‌ی اینکه چگونه باید در مقابل اسپانیا موضع گرفت، جدل‌های سیاسی آغاز شد.

ارزشمند خواهد بود اگر شرح مختصری در مورد این جدل سیاسی در خصوص موقعیت پورتوریکو که در طول قرن هیجدهم بر حیات سیاسی جزیره حکمفرما بود گفته شود. گرچه اربابانِ استعماری جزیره تغییر کرده، اما بحث‌های مشابهی بدون ذره‌ای وقفه همچنان ادامه یافته و امروزه با شدت بیشتری در حال گسترش است.

سه جریان فراگیر در این بحث شرکت داشتند: ادغام‌گرایان یا به‌اصطلاح خودشان "بی‌قیدوشرط‌ها" که طرفدار حاکمیت مطلق اسپانیا بر کشور بودند. جریان دوّم طرفداران خودمختاری بودند. این جریان انعکاسی از رشد آرزوهای ملی‌گرایی در مردم بود، اما به‌شکل تحریف‌شده‌اش. آنها طرفدار ارتباط و وابستگی همیشگی با اسپانیا بودند، همراه با درجه‌ای از خودمختاری. جریان سوّم *استقلالیون*[2] که خواهان جدایی کامل بودند.

در سال ۱۸۶۸ رامون اِمتریو بِتانسز[3] شورش استقلال‌طلبانه‌ای را رهبری کرد که به اِل گریتو دِ لارز[4] مشهور است. هر ساله در یادبود آن،

1- Criollos
2- Independentistas
3- Ramón Emeterio Betances
4- El Grito De Lares

تظاهرات و جشن استقلال‌طلبانه‌ای در ابعاد وسیعی در جزیره برگزار می‌شود. بتانسز شبکه‌ای از باشگاه‌هایی را در پورتوریکو سازمان داده بود که طرح و نقشه‌ای برای قیامِ هم‌زمان کشیده بودند. این نقشه را اسپانیایی‌ها کشف کردند و هنگامی که قیام صورت گرفت آن را سرکوب کردند.

این نهضت از حمایت وسیع مردم پورتوریکو بهره‌مند بود، به خصوص از جانب کارگران دستمزدبگیر بخش کشاورزی، که قسمت عمده نیروی شورشی ۴۰۰ نفره را تشکیل می‌دادند. خواسته‌هایی که انقلابیون مطرح کرده بودند شامل این موارد بود: الغاء برده‌داری، آزادی بیان و مذهب و تجمع و مطبوعات، حق حمل اسلحه، مصونیت از بازرسی و بازداشت غیر معقول، حق رأی در تایید یا رد همه‌ی مالیات‌ها و انتخاب نمایندگان.

اگرچه قیام در لارس[1] ناموفق ماند، اما همواره الهام‌بخش رزمندگان آزادی‌بخش پورتوریکو تا به امروز بوده است. این قیام یکی از عواملی بود که لغو برده‌داری را در سال ۱۸۷۳ به حکومت اسپانیا تحمیل کرد.

زوال امپراطوری اسپانیا در این دوره و رشد ایالات متحده به عنوان یک قدرت صنعتی منجر به تضعیف اسپانیا در نگهداری اندک مستعمرات باقی مانده‌اش شد. از هنگامی که پورتوریکو مبادلات بازرگانی‌اش را با ایالات متحده افزایش داد، واشنگتن شروع به جستجوی راهی برای تسخیر جزیره کرد. اسپانیایی‌ها برای مقابله با آمریکا امتیازاتی به کریولوس [جمعیت تازه‌زاد پورتوریکو] دادند.

در سال ۱۸۹۷ اسپانیا خودمختاری وسیعی را برای پورتوریکو قایل شد. علت اعطای چنین امتیازی، جنگ استقلال در کوبا بود که منجر به

1- Lares

شکست نظامی اسپانیا در آنجا شده بود. حزب *انقلابی کوبا* که مبارزه را در آنجا رهبری می‌کرد، یک شاخه در پورتوریکو داشت و لیبرال‌هایی که خواستار خودمختاری پورتوریکو از اسپانیا بودند، تهدید کردند که اگر خودمختاری در ابعاد گسترده‌تری به آن‌ها داده نشود به نیروهای انقلابی خواهند پیوست.

لکن، در آنجا فرصتی برای آزمایش آن توافق جدید با اسپانیا وجود نداشت، زیرا درست چند ماه بعد، جنگ بین اسپانیا و آمریکا شعله‌ور شد و آمریکا کوبا، فیلیپین و پورتوریکو را اشغال کرد.

حمله به پورتوریکو را، در ۲۵ جولای ۱۸۹۸، ژنرال *نلسون اَی. مایلز*[۱] رهبری کرد. این همان مایلز است که سربازانی را برای قتل‌عام بومیان سرخپوست آمریکا در ۱۸۹۰ به داکوتای جنوبی[۲] اعزام کرد؛ قتل عام مشهور به وونددنی[۳]. او همچنین نقش مهمی را در سرکوب *اعتصاب پولمن*[۴] [اتحادیه کارگران راه آهن آمریکا] در سال ۱۸۹۴ ایفاء کرده بود.

مایلز اشتباها به آن گوشه‌ای از جزیره وارد شد که در آنجا نیروهای اسپانیایی حضور نداشتند. ضمناً اسپانیایی‌ها قبلاً تسلیم‌نامه‌ی خود را برای واشنگتن فرستاده بودند. بنابراین، در واقع هیچ جنگی در پورتوریکو درنگرفت.

ژنرال مایلز بیانیه‌ای خطاب به "ساکنان پرتریکو" صادر کرد (سال‌ها طول کشید تا آمریکای شمالی‌ها توانستند نام آن کشور را به درستی، پورتوریکو، هجی کنند.) در آن بیانیه اعلام شده بود که نیروهای ایالات متحده آمده‌اند "برای تحقق آرمان آزادی، عدالت و انسانیت ... و برای حمایت از شما ... برای ترویج سعادت شما، برای پیشکش امنیت و اعلام

1- Nelson A. Miles　2- South Dakota　3- Wounded knee
4- Pullman Strike

حمایت نهادهای آزادیخواه حکومت ما."

چند روز قبل از آن، آموس فیسک[1]، یک نویسنده‌ی بانفوذ امور مالی و تجاری، افکار حاکمان ایالات متحده را بسیار عریان‌تر در صفحه‌ی سرمقاله نیویورک تایمز چنین بیان کرد:

"هیچ شک و شبهه‌ای در زمینه‌ی خردمندانه بودن تصرف جزیره پورتوریکو و نگهداری همیشگی آن وجود ندارد ...

«نیاز ما به یک موضع مستحکم برای اهداف ناوگان دریایی در هند غربی [شمال دریای کارائیب] خیلی وقت است که تشخیص داده شده است ...

"ارزش تجاری این جزیره برای ما اصلاً نباید دستکم گرفته شود ...

"هیچ دلیلی وجود ندارد که نتواند یک تفرجگاه فوق‌العاده دلپذیری برای ساکنان شمال [یعنی ایالات متحده] بشود.»

فیسک اشاره می‌کند که "ما متعهد نیستیم که به پورتوریکو استقلال اعطا کنیم ... بعلاوه، این برای خود آن‌ها بهتر است که تحت نفوذ کَرَم و احسان ایالات متحده قرار بگیرند تا اینکه درگیر تجربه‌ی ابهام‌آمیز خودگردانی بشوند."

اثرات سلطه‌ی ایالات متحده

سلطه‌ی امپریالیسم ایالات متحده دو دوره‌ی جداگانه‌ی تاریخ این جزیره را تحت تأثیر قرار داده که هر دوی آن‌ها در بر گیرنده‌ی مصیبت‌های عظیم اجتماعی و اقتصادی برای مردم پورتوریکو بوده است. دوره‌ی اوّل از هنگام ورود نیروهای ایالات متحده تا جنگ دوم جهانی است.

در سال اول حاکمیت ایالات متحده تغییرات وسیعی در اقتصاد جزیره

1- Amos Fiske

صورت گرفت. قبلاً، اقتصاد جزیره برپایه کشاورزی بود و تعداد زیادی خرده مالک وجود داشت. قهوه مهمترین محصول بود که به ماشین‌آلات سنگین و سرمایه‌گذاری عظیم احتیاج نداشت و در مقیاس‌های کوچک تولید می‌شد. در حدود ۴۰ درصد از زمین‌ها به کشت این محصول اختصاص داشت. حدود ۳۲ درصد دیگر زمین‌ها برای کاشت مواد غذایی بکار می‌رفت که به مصرف مردم جزیره می‌رسید. حدود ۱۵ درصد دیگر اختصاص به شکر و فقط ۱ درصد به تنباکو اختصاص داشت.

به این نیز باید اشاره کرد که بیشتر این اقتصاد ــ که شامل ۹۳ درصد از دارایی‌های کشاورزی بود ــ در دست اهالی پورتوریکو بود.

اولین اثر مخرب تصرف این جزیره به دست ایالات متحده ریشه‌کن شدن صنعت قهوه بود. زیرا، با توجه به ساختار گمرکی ایالات متحده، صادرات قهوه به اروپا نمی‌توانست دیگر مستقیماً صورت گیرد و مانند گذشته سودمند باشد. قهوه‌ی پورتوریکو باید به وسیله کشتی‌های باربری آمریکای شمالی به ایالات متحده حمل می‌شد و در نتیجه، قهوه پورتوریکو در بازار ایالات متحده قدرت رقابت نداشت. طوفان سال ۱۸۹۹ و کاهش ارزش پول که در جریان تحمیل پول ایالات متحده به جزیره انجام گرفت، به این معنی بود که طبقه کوچک تولید کنندگان ــ به جای ریشه‌کن شدن در یک فرآیند طولانی مدت ــ با یک ضربه ریشه‌کن شدند.

سپس بنگاه‌های انحصاری ایالات متحده وارد شدند و اراضی حاصلخیز را میلیمتر به میلیمتر تحت کنترل خود در آوردند. مردم جزیره به یک محصول وابسته شدند و آن نی‌شکر بود. در طول سه دهه‌ی اول حاکمیت ایالات متحده، تولید نی‌شکر ۱۲۰۰ درصد افزایش یافت که

بیشتر آن به وسیله‌ی چهار کمپانی ایالات متحده کنترل می‌شد. تنباکو هم به همین ترتیب اهمیت فراوانی پیدا کرد به طوری که ۸۰ درصد این محصول در جهت منافع ایالات متحده کنترل می‌شد.

تولید این کالاها برای بازار ایالات متحده، کشت مواد غذایی برای مصرف داخلی جزیره را از بین برد. و بازار پورتوریکو به چنگ بنگاه‌های کشاورزی ایالات متحده فرو افتاد.

این انتقال مالکیت و تغییر نوع محصول، به تمرکز وسیع مالکیت اراضی منجر شد. تا سال ۱۹۴۰، ۸۰ درصد تمامی زمین‌های کشاورزی تحت مالکیت کمپانی‌های بزرگ و مالکانی بود که وسعت زمین‌های آن‌ها در حدود ۵۰۰ جریب فرنگی و یا بیشتر بود.

و این برای دهقانانی که اکنون بی‌زمین شده بودند و آگرگادو[1] نامیده می‌شدند چه معنی داشت؟ یعنی دهقانان بی‌زمینی که برای شرکت‌های تولید شکر کار می‌کردند؟ از سال ۱۸۹۹ تا سال ۱۹۲۹ بیکاری از ۱۷ درصد به ۳۶ درصد رشد کرد و به دلیل فرهنگ تک‌بعدی تولید شکر، یک چهارم تا یک سوم مابقی جمعیت نیز در بیشتر ایام سال بیکار بودند.

همگام با جایگزین شدن تولیدات داخلی با واردات از ایالات متحده قیمت ارزاق سر به آسمان گذاشت. تا سال ۱۹۳۰ کار به جایی کشید که اهالی پورتوریکو ۹۴ درصد در آمد خود را صرف خرید غذا می‌کردند. کاهش قدرت خرید واقعی دستمزدها به گونه‌ای بود که پورتوریکویی‌ها برای خرید غذای مورد نیاز خود باید سالانه درآمد ۱۰۴ روز کار خود را می‌پرداختند، در مقایسه با ابتدای سلطه‌ی ایالات متحده بر جزیره که درآمد ۷۰ روز کارشان برای تأمین یکسال غذایشان کافی بود.

تئودور روزولت جونیر، کسی که در سال ۱۹۲۹ فرماندار پورتوریکو

1- Agregado

شد، در اولین ماه حضور خود در جزیره می‌نویسد: «من مادرانی را دیده‌ام که بچه‌هایی با پوست و استخوان نحیف در بغل داشته‌اند، من پسران و دختران کوچک، لاغر و رنگ پریده‌ای را در مدارس دیده‌ام که سعی می‌کنند با وجود جثه‌ی ضعیف و سوء تغذیه‌ای که دارند، ذهن خود را به کار وادارند. من آن‌ها را دیده‌ام که چگونه با وجود غذای کمی که روزانه می‌خوردند، سعی در درس خواندن داشتند، غذایی که از مقداری لوبیا و برنج تشکیل می‌شود. من آشپزخانه‌هایی را دیده‌ام که در آنجا فقط مقداری لوبیا و نباتات برای گذران تمام خانواده وجود داشته است.»

همگام با عمیق‌تر شدن رکود اقتصادی، اوضاع بدتر و بدتر شد.

سیاست‌های استعماری

در دو سال نخست اشغال این جزیره به دست ایالات متحده، پورتوریکو از لحاظ حکومتی و سیاسی تحت حاکمیت مستقیم نظامی بود. در سال ۱۹۰۰ کنگره آمریکا قانون فوراکر[1] را تصویب کرد که به‌موجب آن یک حکومت غیرنظامی در پورتوریکو مستقر شد. بدین ترتیب که فرماندار آنجا را رئیس جمهور ایالات متحده منصوب کند. علاوه بر آن، یک شورای اجرایی متشکل از یازده عضو تشکیل می‌شد که شش نفر آن‌ها اهل آمریکای شمالی بودند و همگی به وسیله‌ی رئیس جمهور ایالات متحده انتخاب می‌شدند.

یک مجلس محلی تشکیل شد. پورتوریکویی‌هایی توانستند در انتخابات این مجلس رأی دهند که سواد خواندن و نوشتن داشتند و مالیات مخصوص انتخابات را نیز پرداخته بودند. از آنجایی که ۸۳ درصد مردم بی‌سواد و اغلب فقیر بودند، ترکیب این مجلس به هیچ وجه

1- Foraker Act

منعکس‌کننده‌ی احساسات توده‌های ستمدیده‌ی پورتوریکو نبود. با وجود این، اقدامات قانون‌گذاران را باید شورای اجرایی تصویب می‌کرد. زیرا شورای اجرایی هم به عنوان هیأت وزرا و هم به عنوان مجلس علیایِ قانون‌گذاری عمل می‌کرد. و اگر قانونی را شورای اجرایی تصویب می‌کرد، این قانون به فرماندار جزیره ارائه می‌شد و او حق وِتو[1] و رد آن را داشت.

کنگره‌ی آمریکا نیز سخاوتمندانه حق وِتوی تصمیمات مجلس ملی را مختص خود کرد و، مضاف بر آن، این حق را برای خود حفظ کرد که هر قانون جدیدی را که مناسب تشخیص دهد، تصویب کند.

اولین حزبی که تحت حاکمیت ایالات متحده شکل گرفت حزب جمهوری‌خواه بود، که در سال ۱۸۹۹ تأسیس شد. این حزب نظریات و مواضع ادغام‌گرایانه داشت. برای مقابله با آن، در سال ۱۹۰۴ یک جبهه‌ی مخالف پدیدار شد که خود را حزب اتحاد پورتوریکو[2] می‌نامید. موضع حزب اتحاد پورتوریکو مبهم بود. رسماً خواستار استقلال بود اما اعلام می‌داشت که به یک ایالت تبدیل شدن را هم ـ اگر از چنین حقی برخوردار شود ـ به فال نیک می‌گیرد و با اعطای خودمختاری محلی به‌عنوان یک راه‌حل موقت موافق است. در عمل، جهت اصلی فعالیت آن در زمینه‌ی اصلاحاتی در جهت خودمختاری در چارچوب نظام استعماری بود. این حزب بسیار سریع به نیروی حاکم بر صحنه‌ی سیاسی پورتوریکو تبدیل شد.

در پی فشارهای حزب اتحاد، کنگره‌ی ایالات متحده در سال ۱۹۱۲ شروع به بحث درباره لایحه‌ای در مورد تغییر سیستم حکومتی

1- Veto   2- Puerto Rico Unity Party

پورتوریکو کرد. این قانون به قانون جونز[1] مشهور است که تا سال ۱۹۱۷ تصویب نشد و هدفش به قول سخنگوی کاخ سفید[2]: «به عنوان یک اقدام جنگی [در جنگ جهانی اول] ... برای تضمین وفاداری مردم پورتوریکو» بود. از جمله مصوبات این قانون، افزایش حقوقی از قبیل حق رأی و تشکیل مجمع قانون‌گذاری منتخب همه‌ی مردم بود. اما در بسیاری زمینه‌های دیگر، مصوبات قانون فوراکر پا بر جا ماند.

یک ویژگی این قانون، تحمیل تابعیت ایالات متحده بر اهالی پورتوریکو بود. این موضوع قاطعانه با مخالفت استقلالیون روبرو شد، چه آنهایی که عضو حزب اتحاد بودند و چه آنهایی که عضو این حزب نبودند. این قانون "سخاوتمندانه" به مردم پورتوریکو اجازه می‌داد که تابعیت آمریکا را نپذیرند. اما در این صورت آن‌ها بسیاری از حقوق مدنی خود مثل حق رأی و دستیابی به هر سمت دولتی را از دست می‌دادند و در نتیجه در وطن خود به یک خارجی تبدیل می‌شدند.

کنگره‌ی ایالات متحده در سال ۱۹۰۰ تصمیمی می‌گیرد مبنی بر اینکه این جزیره بسیار فقیرتر از آن است که ارزش پرداخت مالیات را داشته باشد و جزیره را از قانون مالیات بر درآمد داخلی معاف می‌کند. این قید در قانون جونز مصوب ۱۹۱۷ نیز باقی ماند، اما این بار برطبق طرح ایالات متحده، مالیاتِ پولی جای خود را به مالیات جانی داد، یعنی خدمت نظام وظیفه‌ی ایالات متحده. بر طبق این مالیاتِ خونینِ استعماری، هزاران نفر پورتوریکویی "در راه ساختن جهانی امن برای دموکراسی" کشته شدند؛ از ویتنام و کره گرفته تا اروپا. در حالی که این مردم در وطن خود از دموکراسی محروم بودند.

یک عامل بسیار مهم در تعیین سیاست ایالات متحده در پورتوریکو،

1- Jones Act   2- White House

تعصب نژادپرستانه‌ی قانون‌گذاران آمریکایی بود. برای مثال در طول بحثی که در سال ۱۹۰۰ راجع به قانون فوراکر می‌شد، سناتوری علیه این پیشنهاد که «پورتوریکو به عنوان ایالتی شناسایی شود» شروع به سخن کرد و گفت: «این‌ها توده‌های ناهمگون دورگه» و «عده‌ای وحشی‌اند که به بریدن سر و خوردن انسان‌ها عادت کرده‌اند.»

در سال ۱۹۱۳ قاضی پیتر هامیلتون[1] برای دوستش رئیس جمهور وودراو ویلسون[2] می‌نویسد که: «وجود ترکیبی از سیاه و سفید در پورتوریکو می‌رود که نژادی دورگه ایجاد کند که هیچ فایده‌ای برای هیچ کس ندارد، نژادی آمریکایی-اسپانیایی زبان. یک فرماندار، اهل جنوب آمریکا، یا آگاه از روش‌های متداول در جنوب [در رابطه با سیاه‌پوستان] می‌تواند چاره‌ای برای این مشکل باشد، به شرط آن‌که فرد عاقلی باشد...»

بخش لاینفکی از این نژادپرستی، سیاست اجباری ادغام فرهنگی ایالات متحده بود که سعی می‌کرد آن را به پورتوریکو تحمیل کند. زبان انگلیسی به زبان رسمی آموزش و پرورش تبدیل شد، این زبان در زندگی تجاری هم رواج پیدا کرد و همه‌گیر شد. یک تسمه‌ی انتقالی برای رواج این ستم فرهنگی، آن عده از پورتوریکویی‌هایی بودند که به پتی یانکویز[3] (خرده یانکی) شهرت پیدا کرده بودند. یک نویسنده در آن دوره اوضاع را چنین تشریح می‌کند: «آن صدها نفر کارمندان دولتیِ تنگ‌نظر و کوته‌بین که آمریکایی شدن را در کشور تبلیغ می‌کنند، راهنمایشان منفعت شخصیِ صرف و شکم حریصشان است.»

اخیراً در مصاحبه‌ای در زندان فدرال در آلدرسون[4] وست ویرجینیا[5]،

1- Peter Hamilton   2- Woodrow Wilson   3- Pitiyanquis
4- Alderson   5- West Virginia

یک پورتوریکویی ملی گرا به نام لولیتا لبرون[1] توضیح می‌دهد که در آن دوره اوضاع چگونه بود:

«من به عنوان یک دختر کوچکی که هر روز به مدرسه می‌رفتم، اولین چیزی که بعد از صدای زنگ و در صف آموختم این بود که دست‌های کوچکم را برای سلامِ احترام و قول وفاداری به پرچم بر روی قلبم بگذارم. بعدها یاد گرفتم که پرچم مهم‌ترین سنبل یک کشور است. البته آن کشور پورتوریکو نیست، بلکه کشوری دوردست به اسم ایالات متحده‌ی آمریکا است. معنی کلمات را هرگز به ما نمی‌آموختند. ما به وسیله معلمی پورتوریکویی و به زبان انگلیسی آموزش داده می‌شدیم. معلم‌های ما صدای عجیبی داشتند و با لهجه صحبت می‌کردند ... روز جشن ملی ما روز لینکلن بود ... روز واشنگتن ... روز کولومبوس، روز کریسمس، روز سال نوی مسیحی...»

این سیاست‌ها همواره مورد اعتراض بود و خشم تلخی را علیه رژیم آمریکای شمالی برمی‌انگیخت.

بعد از تصویب قانون جونز، حزب اتحاد رسماً سیاست استقلال‌گرایانه‌ی خود را کنار گذاشت. در نتیجه، این حزب منشعب شد و حزب ملیّون در سال ۱۹۲۲ شکل گرفت. بر خلاف حزب اتحاد، حزب ملیّون خواهان استقلال بدون قید و شرط بود.

در واکنش به افزایش سلطه‌ی اقتصادی و اجتماعی ایالات متحده بر جزیره، در اواخر دهه‌ی ۱۹۲۰، احساسات استقلال‌طلبانه رشد یافت. مبحث حاکمیت، حزب را دو باره دچار تشنج کرد و آن سرانجام در سال ۱۹۳۲ از هم پاشید.

1- Lolita Lebrón

تحولات حزب سوسیالیست

بعد از اینکه جنبش کارگری پورتوریکو، معرفی کردنِ کاندیداهای خود را از درون احزاب سرمایه‌داری تجربه کرد، و این تجربه را بی‌ثمر یافت، حزب سوسیالیست در سال ۱۹۱۵ تأسیس شد.

در اوایل تشکیل حزب سوسیالیست، روندهای مختلفی در آن فعال بودند. جناح چپ را عده‌ای از جمله *مانوئل روخاز*[1] رهبری می‌کردند. روخاز دبیر کل حزب از هنگام تشکیلش تا اوائل دهه‌ی ۱۹۲۰ بود. این جناح درباره‌ی دو مسأله‌ی اصلی موضعی انقلابی داشت. یکی اینکه از استقلال پورتوریکو حمایت می‌کرد و دیگر اینکه پشتیبان استقلال سیاسی طبقه‌ی کارگر بود و ائتلاف با احزاب سرمایه داری را نمی‌پذیرفت.

مشهورترین رهبر جناح راست حزب سوسیالیست *سانتیاگو اگلیسیاس پانتین*[2] بود. او رئیس *فِدراسیون لیبرِ دِ لوس ترابا خاداروس*[3] (فدراسیون آزاد کارگران) بود. ریشه‌های حزب در همین اتحادیه بودند. جناح راست، الحاق پورتوریکو به ایالات متحده را مطلوب و مناسب می‌دانست.

نفوذ عقاید رادیکال در دوران اولیه‌ی تشکیل حزب آنقدر قوی بود که حتی اگلیسیاس پانتین نیز در سخنرانی خود، در کنگره ۱۹۱۹ این حزب، مجبور شد از انقلاب ۱۹۱۷ روسیه با لحن مثبت یاد کند و همچنین به شوراها به‌عنوان یک الگو اشاره کند.

در این کنگره حزب تصمیم گرفت که در مورد مسأله اوضاع سیاسی موضعی اتخاذ نکند. این چک سفیدی بود که در اختیار جناح راست قرار گرفت. از طرف دیگر، موضع اصولی عدم ائتلاف با احزاب سرمایه‌داری،

1- Manual Rojas 2- Santiago Iglesias Pantin
3- Federatuion Libera De Los Trabajadaroes (F.L.T.)

پذیرفته شد.

نکته‌ای که باید به آن اشاره کرد این است که یکی از دلایل مخالفت جناح راست با تفکر استقلال‌طلبانه، تجربه‌ای بود که آن‌ها در گذشته با استقلالیونی داشتند که از سیاستمداران طرفدار سرمایه‌داری بودند. فدراسیون آزاد کارگران در انتخابات سال ۱۹۰۴ کاندیداهای خود را جزو لیست انتخاباتی حزب اتحاد معرفی کرد. تعدادی از آنان برای مجلس قانون‌گذاری انتخاب شدند و پیشنهاد طرح اصلاحات اجتماعی دادند. بیشتر مخالفان صریح آن‌ها، عمده‌ترین طرفداران استقلال بودند، که مشهورترین آن‌ها خوزه دِ دیگو[1] بود.

حزب سوسیالیست در طول دهه‌ی ۱۹۲۰ به سمت راست گرایید و به‌رغم ریشه‌های کارگری‌ش به نوکر و خادم کمپانی‌های آمریکایی تبدیل شد. با این وجود، تعداد زیادی از کارگران رادیکال همچنان به این حزب وفادار ماندند و آن را حزب طبقه‌ی خود می‌پنداشتند. این حزب در بین کارگران ـ با امتیازاتی که قانون جونز آورده بود ـ بسیار سریع رشد کرد.

هنگامی که حزب اتحاد در سال ۱۹۳۲ فروپاشید، نیروهای جناح چپ این حزب، حزب لیبرال را تشکیل دادند، که موضعی استقلال‌طلبانه داشت. برای مقابله با این رقیب، حزب سوسیالیست به ائتلافی با حزب جمهوری‌خواه تن در داد. این ائتلاف تا پایان دهه‌ی ۱۹۳۰ نیروی مسلط بر انتخابات در جزیره بود. در تاریخ پورتوریکو، از این ائتلاف به عنوان نیروی شاخص فساد سیاسی و نوکرمآبی در مقابل منافع ایالات متحده یاد و ثبت شده است، به‌خصوص نوکرمآبی در مقابل شرکت‌های انحصار شکر.

1- Jose de Diego

حزب ملیّون تحت حمله

در سال ۱۹۳۲ حزب ملیّون به رهبری پدرو آلبیزو کامپوس¹ ـ کسی که در سال ۱۹۳۰ به عنوان دبیر کل حزب انتخاب شد ـ هدایت مبارزات استقلال‌طلبانه‌ی توده‌های مردم را به‌عهده گرفت. با عمیق‌تر شدن بحران اقتصادی، هزاران نفر به حزب ملیّون که ارائه‌کننده‌ی راه‌حل‌های رادیکال بود پیوستند. برای مثال در ۱۹۳۴، دروگران نی‌شکر که در اعتصاب بودند، آلبیزو کامپوس را برای مشارکت در رهبری اعتصاب دعوت کرد.

حزب ملیّون همگام با جلب توده‌های مردم آماج حملات سرکوبگرانه شد. در تاریخ ۲۴ اکتبر ۱۹۳۵، چهار ملی‌گرا در زد و خوردی که بیرون از دانشگاه پورتوریکو با پلیس پیش آمد، کشته شدند. پلیس اعلام کرد که اول ملی‌گرایان شلیک کرده‌اند. اما در جزیره [پورتوریکو] این واقعه، قتل عام ریو پیدراس² نامیده می‌شود.

در پاسخ به این واقعه، حزب ملیّون شروع کرد به اینکه خودش را به‌صورت نیروئی شبه‌نظامی متشکل کند. این حزب نگهبانانی را برای محافظت از خانه‌ی آلبیزو کامپوس گذاشت، که البته این کار بی‌دلیل نبود. زیرا قبلاً چهار بار به آن خانه حمله شده بود و نیروهای ملی‌گرا هر چهار بار، مهاجمین را به عقب رانده بودند.

در ۲۳ فوریه ۱۹۳۶، رئیس پلیس که اهل آمریکای شمالی و مسئول قتل عام ریو پیدراس بود، در خیابان‌های سن خوان به قتل رسید. در دم، دو جوان ملی‌گرا دستگیر و بعد از انتقال به اداره مرکزی پلیس، کشته شدند. تظاهرات گسترش یافت و درگیری با پلیس شدت گرفت.

در آوریل ۱۹۳۶، هیأت رهبری حزب ملیّون به اتهام توطئه برای سرنگونی حکومت ایالات متحده تحت تعقیب قرار گرفت. در هنگام

1- Pedro Albizo Campos 2- Rio Piedras Massacre

تشکیل دادگاه، هیأت‌منصفه‌ی که متشکل از هفت پورتوریکویی و پنج آمریکایی بود، در مورد این مسأله به بن‌بست رسید. هیأت‌منصفه‌ی دیگری انتخاب می‌شود، ترکیبی از ده آمریکایی و فقط دو پورتوریکویی. ملی‌گرایان به زندان‌های طولانی‌مدت محکوم و مجازات شدند.

بعد از آن، حکومت هر گونه تظاهرات را ممنوع اعلام کرد. تنها استثناء همایشی بود که در ماه مارس سال ۱۹۳۷ در پونسه[1] برگزار شد. در آنجا مقامات محلی به ملی‌گرایان اجازه‌ی برگزاری این تجمع را داده بودند. زمان آن، برای ۲۱ مارس که به یکشنبه‌ی *پالم*[2] شهرت پیدا کرد تنظیم شده بود. اما درست قبل از شروع راه‌پیمایی، پلیس اجازه‌ی آن را لغو کرد.

سرود ملی پورتوریکو نواخته شد، جمعیت فریاد شادی کشید و راه‌پیمایی آغاز شد. پلیس با استفاده از کلیه‌ی تسلیحاتی که در اختیار داشت، به سوی ملی‌گرایان بی‌سلاح آتش گشود. در نتیجه ۲۰ نفر از مردم کشته و در حدود ۱۵۰ الی ۲۰۰ نفر زخمی شدند.

مسئولین حکومتی یک بار دیگر مدعی شدند که ملی‌گرایان اولین تیر را شلیک کرده بودند. یک هیأت بررسی مستقل مرکب از پورتوریکویی‌های صاحب اعتبار ـ از جمله سردبیران سه روزنامه ـ و به ریاست یکی از صاحب‌منصبان اتحادیه‌ی آزادی‌های مدنی آمریکا[3] نتیجه گرفت که مردم پورتوریکو به درستی اسم این رویداد را *قتل عام* پونسه گذاشته‌اند.

فرماندار پورتوریکو ـ که مسئول اصلی قتل عام بود ـ دستور داد که ملی‌گرایانِ جان سالم به در برده از قتل عام هم تحت تعقیب قرار بگیرند. مقامات محلی در ابتدا از پذیرش این دستور خودداری کردند، اما در طول

1- Ponce 2- Palm Sunday
3- American Civil Liberties Union

یک سال پس از آن تقریباً تمامی رهبران ملی‌گرا با اتهام‌های گوناگون زندانی شده بودند و حزب تقریباً متلاشی شده بود.

واشنگتن علاوه بر سرکوب ملی‌گرایان، یک سری امتیازات جزیی اقتصادی را در جهت بهبود شرایط بحرانی به جزیره واگذار کرد تا حالت انفجاری را تعدیل کند. آن‌ها تلاش کردند تا همکاری لیبرال‌ها را از طریق مشارکتشان در برنامه‌های فقرزدایی نیودیلِ[1] [ایالات متحده] به دست آورند.

استراتژی ایالات متحده در سال ۱۹۳۸ شروع به بار نشستن کرد و این هنگامی بود که لوئیس میونز مارین[2]، حزب دموکراتیک مردمی[3] را بنیان نهاد. میونز مارین فرزند بنیان‌گذار حزب اتحاد و رهبر رادیکال‌ترین شاخه‌ی حزب لیبرال بود و حتی مدتی خود را سوسیالیست می‌دانست. حزب دموکراتیک مردمی بسیاری از رادیکال‌های متمایل به رفرمیسم و بسیاری از استقلالیون را به سوی خود جلب کرد. اگرچه خط مشی حزب مدافع استقلال بود، اما میونز مارین اظهار می‌داشت که «استقلال مسأله‌ی اصلی روز نیست» و فعالیت‌های خود را در جهت اصلاحات اقتصادی محدود می‌کرد.

حزب جدید در انتخابات ۱۹۴۰ اکثریت قاطع آراء را به دست آورد. این موضوع همزمان شد با خواسته‌ی کابینه‌ی فرانکلین د. روزولت که مبتنی بر نقش بیشتر دادن به سیاستمداران پورتوریکویی در جهت پیشبرد سلطه‌ی ایالات متحده بود. حزب دموکراتیک مردمی به وسیله‌ای برای تأمین کارشناسان و مدیران حکومت محلی تبدیل شد.

همزمان با این‌ها جنگ دوم جهانی در اروپا شروع شد. بهبود وضع

1- New Deal (اصلاحات فقرزدایی)   2- Luis Muñoz Marín
3- Partido Popular Democratico

اقتصادی نشأت گرفته از جنگ در ایالات متحده، تا حدی باعث تعدیل فشارهای اقتصادی شد. حاکم جدیدی که از طرف آمریکای شمالی منصوب شد، یعنی رِکسفورد تاگ‌ول[1]، یکی از "مغزهای متفکر" روزولت بود. او نسبت به پیشینیان خود بسیار انعطاف‌پذیرتر بود. ترکیبی از همه‌ی این عوامل باعث فروکش کردن هیجانات سیاسی ــ نسبت به آن چیزی که در دهه‌ی ۱۹۳۰ شاهد آن بودیم ــ شد.

چرا پـورتوریکو در طـول آن دهـه، در جهـت دسـتیابی بـه اسـتقلال شکست خورد؟ من فکر می‌کنم که قطعاً موقعیت مناسب وجود داشت به‌طوری که حتی صاحب‌منصبان دولت ایالات متحده نیز پذیرفته‌اند که اکثریت خواستار استقلال بودند. آنچه جایش خالی بود یک رهبری بود که مردم را برای تحقق این هدف سازماندهی کند.

حزب ملّیون مضاف بر اینکه به شدت از طریق خفقان صدمه دیده بود از فقدان یک برنامه‌ی اجتماعی نیز رنج می‌برد، تا بتواند پیگیرانه زحمتکشان و مردمان ستمدیده را زیر پرچم خـود متشکل سـازد و بـه حرکت درآورد.

حزب سوسیالیستِ رفرمیست هم نمی‌توانست چاره‌ای برای این کار تلقی شود. زیرا این حزب در دهه‌ی ۱۹۳۰، مستعمره [پورتوریکو] را به نیابت از طرف کمپانی‌های شکر اداره می‌کرد.

پورتوریکو دارای یک حزب کمونیست هم بـود کـه در سـال ۱۹۳۴ تأسیس شد. با توجه به آن چیزی که مسکو به این حزب دیکته می‌کرد، همراه با احزاب لیبرال سرمایه‌دار، جبهه‌ی واحدی به اسم "جبهه‌ی خلق" تشکیل داد و خود را متحد حزب دموکراتیک مردمی و حاکم جزیره یعنی تاگ‌ول قرار داد.

1- Rexford Tugwell

طرز فکر حزب کمونیست پورتوریکو در طول جنگ جهانی دوم ـ یعنی در تأثیرگذارترین دوران حیات خود ـ در جزوه‌های سال ۱۹۴۲ آن‌ها به اسم "مبارزه با هیتلر در سراسر جهان!"[1] و "مبارزه با گرسنگی در پورتوریکو!"[2] بیان شده است. خلاصه‌ای از این دو جزوه در جزوه‌ی لوچا آبررا ان پورتوریکو[3]،که به‌وسیله‌ی ای جی کوینترو ریورا[4] ویرایش شده، آمده است. این جزوه از گزارش‌های تصویبی کنگره حزب کمونیست تشکیل شده است و شامل "طرح سیاست معلق ساختن اعتصابات و تعطیل مبارزه برای استقلال تا پایان جنگ علیه هیتلر، برقراری سیاست حمایت از تاگ‌ول و ارتش آمریکای شمالی، انتقاد از حزب سوسیالیست" بود.

در مقابل آن حزب ملیّون، حمایت از تلاش‌های جنگی ایالات متحده‌ی ستمگر را نمی‌پذیرد. این حزب تبلیغات لیبرال مبتنی بر حمایت از "دموکراسی" امپریالیستی را مردود می‌شمارد. یعنی همان دموکراسی که شبکه‌ی جهانی استالینیسم از آن به‌عنوان سکه‌ای با ارزش محافظت می‌کرد. در همان سال، یعنی در ۱۹۴۲ بیانیه‌ای با امضای تعداد کثیری از ملی‌گرایان ارائه شد، که در آن خدمت کردن در نیروی نظامی ایالات متحده را رد کردند و همگی روانه‌ی زندان شدند.

حزب کمونیست پورتوریکو به عنوان "مخالف باوفای" رژیم استعماری موجود، خود را معرفی کرد. به همین دلیل از سوی امپریالیسم ایالات متحده به عنوان نیرویی قابل اعتماد در نظر گرفته شد و بر این اساس در سال ۱۹۴۲ یک مقام بالای اجرایی وزارت کار پورتوریکو را ایالات متحده به یکی از رهبران این حزب واگذار کرد.

1- Contra Hitler En El Mundo!
2- Contra Hambra En PR!
3- Lucha Obrera En Purtorico 4- A.G. Quintero Rivera

همه‌پرسی و سرکوب

در طی دهه‌ی ۱۹۴۰ واشنگتن تغییر موضعی اساسی در مورد روش کنترل و استثمار پورتوریکو داد.

با وقوع جنگ جهانی دوم، ارزش جایگاه نظامی جزیره افزایش می‌یابد. این مسأله باعث تشویق ایالات متحده به استحکام حاکمیت اجتماعی خود در آنجا و استفاده‌ی هر چه بیشتر از این پایگاه نظامی می‌شود. در همین زمان ـ در دوران جنگ و بعد از جنگ ـ خیزش عظیم جهان استعمارزده پدیدار می‌شود. همچنین جنگ سرد با اتحاد جماهیر شوروی که در سال ۱۹۴۷ آغاز می‌شود، این مطلب را برای واشنگتن روشن می‌کند که بهترین شکل سلطه‌ی استعماری، تغییر شکل دادن به آن و در خفا گرداندن آن است.

در اوایل ۱۹۴۳ روزولت پیشنهادی را به کنگره ایالات متحده می‌دهد که برطبق آن پورتوریکو اجازه انتخاب حاکم خود را پیدا کند. این "مجوز" مدتی کوتاه پس از جنگ صادر شد. این مسأله، انعکاسی از رشد این باور در میان قانون‌گذاران آمریکایی بود که "حالا پورتوریکویی‌ها می‌توانستند خود را اداره کنند". این بدین مفهوم بود که حزب دموکراتیک مردمی به عنوان رهبری مناسب برای این جریان خود را نشان داده بود. زیرا بزرگترین حزب جزیره و قابل اعتمادترین حزب برای حفظ منافع امپریالیست‌ها بود.

مدتی کوتاه از پایان جنگ نگذشته بود که حزب دموکراتیک مردمی به‌طور رسمی موضع *استقلال‌طلبانه* را کنار گذاشت. بخشی از اعضای حزب از این تغییرات ناراضی بودند و به همین دلیل بخش عمده‌ای شدند از یک تشکیلات جدید به‌نام حزب استقلال پورتوریکو[1].

1- Partido Independentista Pouertorriqueño

حدوداً در همین زمان بود که تصمیم گرفته شد زبان انگلیسی زبان اصلی تدریس در مدارس نباشد، زیرا با مخالفت گسترده‌ی مردم مواجه شده بود. برخی اصلاحات دیگری نیز به اجرا گذاشته شد که از همین قبیل بود.

لوییس میونز مارین در سال ۱۹۴۸ اولین حاکم منتخب پورتوریکو در دوران سلطه‌ی ایالات متحده شد. کنگره‌ی آمریکا در ۱۹۵۰ تصمیم گرفت تغییرات دیگری بدهد. لذا قانون عمومی ۶۰۰ وضع شد که به موجب آن قدرت ایجاد دولت محلی و نظام مدیریتی بومی به پورتوریکویی‌ها تفویض می‌شد.

در پی تصویب این قانون، زمینه‌سازی شد تا در یک همه پرسی بله-یا-نه از مردم سؤال شود که آیا پورتوریکو باید قانون اساسی خود را وضع کند یا خیر. یکی از اجزای مهم این زمینه‌سازی عبارت بود از سرکوب استقلال‌طلبان که بی‌گمان در مقابله با این مانور قد علم می‌کردند.

یکی از عمده‌ترین اهداف نشانه‌گیری شده در این حمله حزب ملیّون بود. این حزب در پی آزادی آلبیزو کامپوس از زندان ایالات متحده در ۱۹۴۷ و بازگشت وی به پورتوریکو جان تازه‌ای گرفته و نیروهایش شروع به رشد کرده بود.

ملیّون می‌گویند در ۱۹۵۰ حزبشان دریافت که حاکمان محلی سن‌خوان به عنوان عروسک خیمه‌شب‌بازی حکومت ایالات متحده در صدد بودند تا حمله‌ی سرکوبگرانه‌ی گسترده‌ای را علیه این حزب آغاز کنند.

سرکوب در ۲۷ اکتبر ۱۹۵۰ با دستگیری عده‌ای از ملیّون که در دو ماشین‌سواری جای داده شدند آغاز شد. پلیس دو روز بعد از آن به منزل رهبر شاخه‌ی حزب در شهر پونسه یورش برد.

ساعتی چند بعد از این واقعه، در اولین ساعات بامداد ۳۰ام اکتبر، ملیّون دریافتند که پلیس به سمت مزرعه‌ای که به والده‌ی رهبر شاخه‌ی حزب در شهر پونسه تعلق دارد در حرکت است و پلیس را در این مسیر تعقیب کردند. میان ملّیون و پلیس تیراندازی درگرفت و زمانی که خبر این درگیری از رادیو پخش شد پیروان آلبیزو کامپوس در سرتاسر جزیره شورش کردند. آنان موفق شدند یک شهر را آزاد کنند: خایویا. از این روست که آن را اغلب شورش خایویا می‌نامند.

ملّیون به لحاظ کمی تعداد و اسلحه‌ی ناچیزشان در طول چند روز سرکوب شدند. بگیر بگیر شروع شد و کمونیست‌ها، استقلال‌طلبان، رهبران اتحادیه‌های کارگری و سایر افراد فعال دستگیر شدند. شمارش زندانیان به هزاران نفر رسید ـ برخی آن را تا حد ۱۰,۰۰۰ نفر تخمین می‌زنند ـ گرچه فقط چند صد نفر حداکثر در شورش شهر مشارکت داشتند. بعد از آن نیز بسیاری متهم و طبق قانون ضد کمونیستی پورتوریکو محکوم شدند، مبنای این قوانین قانون خفقانی اسمیت [ایالات متحده] بود.

ملیّون زیادی سال‌های طولانی به زندان افتادند. آخرین دسته‌ی زندانی شده در پورتوریکو در سال ۱۹۷۲ بود که شامل عفو شدند. آلبیزو کامپوس زمانی از زندان آزاد شد که در آستانه‌ی مرگ قرار داشت. او در ۲۱ آوریل ۱۹۶۵ درگذشت.

وقتی اخبار نبرد ۱۹۵۰ به ایالات متحده رسید، دو تن از ملیّون ساکن آنجا سعی کردند از طریق حمله به یکی از نمادهای قدرت آمریکا عکس‌العمل نشان دهند. یکی از آن دو تن در تیراندازی با نگهبانان کاخ بلر کشته شد. این کاخ محل اقامت ترومن، رییس‌جمهور وقت ایالات متحده، بود. تظاهرات مسلحانه مشابهی در مارس ۱۹۵۴ در سالن اجتماعات

مجلس سنای آمریکا برپا شد.

پنج وطن‌پرست زندانی شده در این درگیری‌ها ـ لولیتا لبران، اسکار کولازو، رافائل کانسل میراندا، ایروینگ فلورس و اندره فیگوئرا کوردرو ـ سال‌های سال در زندان‌های ایالات متحده محبوس بودند و به عنوان گذراندن طولانی‌ترین سال‌های زندان در نیمکره‌ی غربی همتا ندارند. تلاش برای آزادی آنان به یک فعالیت گسترده‌ی جهانی تبدیل شد و از حمایت وسیع مردم پورتوریکو برخوردار بود.

اعلام وضعیت مشترک‌المنافع

پس از آنکه مخالفین حکومت همه قلع و قمع شدند، در ۱۹۵۱ درحالی‌که جزیره عملاً تحت حکومت نظامی بود، همه پرسی در خصوص لزوم تدوین قانون اساسی پورتوریکو برگزار و با نسبت آراء دو بر یک تصویب شد. همه‌ی گروه‌های طرفدار استقلال ـ حتی حزب استقلال پورتوریکو که در آن زمان یک گروه انتخابی میانه‌رویی بود و در انتخابات مقام دوم را داشت ـ همه پرسی را تحریم کردند و بنابراین هرگز ابعاد مخالفت با روابط استعماری با ایالات متحده عیان نشد.

مجلس مؤسسان فراخوانده شد و پیش‌نویس قانون اساسی تدوین شد. در ۲۵ ژوییه ۱۹۵۲ ـ پنجاه و چهارمین سالروز اشغال پورتوریکو به دست آمریکا ـ مشترک‌المنافع پورتوریکو (یا آنگونه که به زبان اسپانیایی گفته می‌شود ایالت معاشر آزاد) اعلام شد.

دولت پورتوریکو در تحت این شرایط که برچسب جدیدی بر روی آن نصب شده بود، همانند گذشته از قدرت‌های مرتبط با یک دولت حاکم بر سرنوشت خود همچنان محروم ماند. ایالات متحده (از طریق "دفاع مشترک") همچنان از پورتوریکو برای پایگاهی برای پرتاب موشک،

استقرار تجهیزات تسلیحات اتمی و ایجاد پایگاه‌های زمینی و هوایی استفاده می‌کند. این مجموعه در حدود ۱۳ در صد از خاک پورتوریکو را در بر می‌گیرد و قسمت عمده‌ای از بهترین زمین‌های آن را شامل می‌شود.

سربازگیری پورتوریکویی‌ها همچنان برای جنگ‌های مختلف ادامه یافت: کره، ویتنام، سانتادومینگو و یا هر جای دیگری که ایالات متحده می‌خواست آن‌ها را بفرستد.

هنوز هم ورود و خروج به کشور، تابعیت و گمرکات را ایالات متحده کنترل می‌کند. بدون مجوز کمیسیون ارتباطات فدرال ایالات متحده، نمی‌توان در پورتوریکو برج ارتباطات یا ایستگاه رادیو یا تلویزیون احداث کرد.

هر آنچه با انرژی اتمی مرتبط باشد به دست ادارات ایالات متحده تنظیم می‌شود. مسائل کارگری را دایره‌ی ارتباطات نیروی کار ملی رتق و فتق می‌کند ـ منظور از واژه‌ی "ملی" کشور ایالات متحده است و نه پورتوریکو. مسایل مربوط به پست را خدمات پست ایالات متحده حل و فصل می‌کند. پول رایج در پورتوریکو همان دلار ایالات متحده است.

اف بی آی، سازمان سیا و سایر سازمان‌های پلیس مخفی ایالات متحده در پورتوریکو آزادانه عمل می‌کنند. اف بی آی در سال ۱۹۷۵ برملا کرد که یکی از عملیات شنیع ایذاییِ "ضد جاسوسی" علیه گروه‌های استقلال طلب پورتوریکو هدف‌گیری شده است. در تکمیل عملیات غیر قانونی اف بی آی، دادگاه‌های ایالات متحده قانوناً خفقان می‌آفرینند ـ البته دادگاه به زبان انگلیسی هدایت می‌شود. و قربانیان این دادگاه‌ها روانه‌ی زندان‌های ایالات متحده می‌شوند.

حکومت ایالات متحده حکومت پورتوریکو نیز هست، حال خواه مردم این را بپسندند یا نه. پورتوریکویی‌ها برای انتخاب رییس‌جمهور

ایالات متحده یا انتخاب نمایندگان سنا و کنگره رأی نمی‌دهند. مردم پورتوریکو یک نماینده به کنگره‌ی ایالات متحده می‌فرستند که حق صحبت دارد، اما حق رأی خیر.

واشنگتن خدعه‌ی "مشترک‌المنافع" شدن پورتوریکو را به تصویب سازمان ملل رسانده است. در ۱۹۵۲ مجمع عمومی سازمان ملل را ایالات متحده تحت فشار قرار داد تا مصوبه‌ای بگذارند مبتنی بر اینکه موقعیت پورتوریکو یک مسأله‌ی داخلی ایالات متحده است. مدتی بعد از آن، مصوبه‌ی دیگری تصویب شد که اعلام می‌داشت پورتوریکو "خودگردان شده است".

اما پورتوریکو همان چیزی که برای مدت پنج قرن بود باقی ماند ـ یک مستعمره.

عملیات بند پوتین

تغییرات ایجاد شده در ساختار حکومتی پورتوریکو بعد از جنگ جهانی دوم، با تغییرات اقتصادی نیز همراه بود به نحوی که بیش از پیش این کشور را در اختیار سلطه‌ی استبداد وال استریت گذاشت.

در اواخر دهه‌ی ۱۹۴۰ دولت پورتوریکو برنامه‌ای برای این کشور تنظیم کرد که به منظور صنعتی کردن این کشور طراحی شده بود. این برنامه به زبان انگلیسی "عملیات پوتین" نام گرفته بود که به اسپانیایی می‌شود "مانوس آلا اُبرا"[1] (تقریباً به معنی: آستین‌ها را بالا بزنید و مشغول کار شوید).

ایده این بود که مهم‌ترین منبع طبیعی پورتوریکو نیروی انسانی فراوان آن است ـ که محکوم است به اشتغال با دستمزدی پایین‌تر از حد

1- Operation Boot Strap, Manos ala Obra

استاندارد ـ و اینکه بر این مبنا تولیدکنندگان ایالات متحده را می‌توان ترغیب کرد تا در ابعاد وسیعی در این جزیره سرمایه‌گذاری کنند.

برای اینکه بر چاشنی این آش افزوده شده باشد، حکومت پورتوریکو سال‌های سال کمپانی‌های ایالات متحده را از پرداخت مالیات برای کارخانه‌هایی که در این جزیره احداث کرده بودند معاف کرد. علاوه بر آن، حکومت پورتوریکو تسهیلاتی فراهم آورد تا کمپانی‌های آمریکایی راحت‌تر به ساختمان‌ها، برنامه‌های آموزش حرفه‌ای کارگران، برق و آب دسترسی داشته باشند و زمانی که این کمپانی‌ها طبیعت پورتوریکو را در روستاها تخریب و محیط زیست را آلوده می‌کردند، رویش را به سمت دیگری گرفت تا متوجه این‌ها نشود. پورتوریکو با اجرای این طرح به یک کشور بسیار صنعتی تبدیل شده است. در سال ۱۹۵۰ فقط ۸۲ کارخانه در این جزیره وجود داشت، تا سال ۱۹۶۰ تعداد آن‌ها به ۷۱۷ و تا ۱۹۷۰ تقریباً به ۲۰۰۰ رسید.

صنعت سنگین و به‌خصوص احداث پالایشگاه‌های نفتی، بیشترین رشد را در اواخر دهه‌ی ۱۹۶۰ و اوایل دهه‌ی ۱۹۷۰ داشت. اما، پالایشگاه‌ها فقط برای چند صد کارگر ماهر شغل آفریدند، این‌ها نیز از ایالات متحده آورده می‌شدند. کار دیگری که قرار بود احداث پالایشگاه‌های نفتی در پورتوریکو انجام دهد، توسعه‌ی طرح‌های صنایع ذیربط از جمله پتروشیمی بود. بجای آن، فرآورده‌های نفتی پالایشگاه‌ها به ایالات متحده حمل می‌شد. تنها چیزی که برای پورتوریکو باقی مانده است، مقداری ضایعات شیمیایی است که آب و هوای این جزیره را آلوده می‌سازد.

درآمد سرانه‌ی واقعی در پورتوریکو از ۱۹۴۰ تا ۱۹۷۳ بیش از ۴۰۰ درصد افزایش پیدا کرد. بیکاری در اواخر دهه‌ی ۱۹۶۰ کاهش یافت و

طبق آمار رسمی به حد پایینی در حدود ۱۰ درصد رسید، در مقایسه با دهه‌ی ۱۹۴۰ که ۱۵ درصد بود.

اما، این آمار ـ که کارشناسان حکومت دائماً اعلام می‌دارند ـ فوق‌العاده یک‌جانبه هستند. همپای رشد عمومی درآمد ملی، نابرابری اجتماعی نیز افزایش یافته است. قسمت فوقانی جامعه که ۲۰ درصد جمعیت را تشکیل می‌دهند به اندازه‌ی مجموعه‌ی ۸۰ درصد باقیمانده درآمد دارند.

حدود نیمی از جمعیت در خانواده‌هایی به سر می‌برند که درآمدشان زیر مقداری است که ایالات متحده به عنوان کمربند فقر اعلام کرده است. در سال ۱۹۷۳ حدود ۱۳ درصد جمعیت درآمد ماهانه‌ای کمتر از ۵۰۰ دلار داشتند. دستمزد کارگران در پورتوریکو حدود نصف یا یک سوم ایالات متحده برای یک کار یکسان یا مشابه است.

میزان بیکاری نیز حتی برمبنای آمارهای رسمی دولت خیلی بالاست. حال آنکه این آمار و ارقام واقعیت تعداد بیکاران را به طرز فاحشی پایین جلوه می‌دهند.

بیکاری ـ تصویر واقعی

طبق آمار رسمی، در ژوئن ۱۹۷۰، ۱۱ درصد بیکاری وجود داشت و ۹۲,۰۰۰ نفر دنبال کار می‌گشتند. اما، علاوه بر آن، ۲۵۳,۰۰۰ نفر ـ ربع میلیون ـ عاطل و باطل بودند که نه شاغل بودند، نه محصل، نه بازنشسته، نه از کار افتاده، نه خانه‌دار و نه در جستجوی کار. این‌ها به اصطلاح کارگران دلسرد شده هستند و اگر آنان را نیز جزء بیکاران به حساب آوریم، نرخ واقعی بالغ بر ۳۰ درصد می‌شود.

علاوه بر این‌ها، ۳۵ درصد نیروی کار در ژوئن ۱۹۷۰ رسماً به عنوان

"کم اشتغال" گزارش شده بودند. این‌ها کسانی بودند که کار پاره وقت داشتند، حال آنکه دنبال کار تمام وقت می‌گشتند.

چنانچه این ارقام را با هم جمع کنیم، نتیجه این می‌شود که در سال ۱۹۷۰ حدوداً ۶۰ درصد نیروی کار پورتوریکو یا بی‌کار بودند یا به کفایت اشتغال نداشتند.

اما، این همه‌ی مطلب نیست. بسیاری از پورتوریکویی‌ها وطن خود را ترک کرده‌اند و به محله‌های فقیرنشین ایالات متحده آمده‌اند و این از اجبار مشکلات اقتصادی بوده است. قسمت اعظم این مهاجران پس از جنگ جهانی دوم به ایالات متحده آمدند، زمانی که عملیات بند پوتین در حال اجراء بود. درباره‌ی نسبت این جمعیت مهاجر به کل جمعیت پورتوریکو تخمین‌های گوناگون زده می‌شود، اما این جمعیت یک سوم یا شاید دقیق‌تر باشد اگر بگوییم ۴۰ درصد کل جمعیت پورتوریکو هستند.

چنین حدی از بیکاری و درآمدهای ناچیز باعث پیدایش سایر مشکلات اجتماعی می‌شود که جدی‌ترین آن‌ها مشکل مسکن است. در سال ۱۹۷۲، ۲۲۵۰۰۰ واحد مسکونی در پورتوریکو فاقد حداقل استاندارد لازم برای بهداشت و ایمنی بودند، بیش از ۴۰ درصد جمعیت در مسکن‌های نامناسب یا بسیار فرسوده می‌زیستند. ده‌ها هزار نفر از مردم سان خوان و سایر قسمت‌های جزیره زاغه نشین هستند و در کلبه‌های ساخته شده از حلبی، کارتن‌های مقوایی، تخته سه‌لایی و بدون فاضلاب، آب و برق زندگی می‌کنند.

علت این فقر گسترده این است که اقتصاد پورتوریکو را سرمایه‌داران ایالات متحده در دست گرفته‌اند و مبنای اینکه چه کاری انجام بشود و چه کاری نشود، سود حاصل برای وال استریت در نیویورک است.

آمار ذیل نشان می‌دهد که نحوه‌ی تسلط ایالات متحده بر جزیره چه

شتابی داشته است: در سال ۱۹۴۸، ۷۸ درصد سرمایه‌گذاری داخلی در دست پورتوریکویی‌ها بود. در سال ۱۹۶۶، ۷۷ درصد در دست آمریکای شمالی‌ها بود و در اوایل دهه‌ی ۱۹۷۰ به ۸۸ درصد رسید.

سلطه‌ی امپریالیستی ساختار اقتصادی پورتوریکو را از دیدگاه نیازهای انسانی کاملاً غیر عقلانی کرده است. فقط ۳۰ درصد زمین‌های بالقوه مناسب برای کشاورزی کاملاً کشت می‌شود. در حالی که واردات کالاهای غذایی به پورتوریکو سالیانه سر به میلیون‌ها دلار می‌زند.

برنج از نقاط دوردستی نظیر کالیفرنیا وارد می‌شود، چون سرمایه‌گذاران ایالات متحده ترجیح می‌دهند بجای کاربرد زمین‌های پورتوریکو برای تولید مواد غذایی، از خرید و فروش آن جیب‌های خود را پر کنند.

جوهر تصویر کلی اقتصادی را این آمار برملا می‌سازند که در سال ۱۹۴۷ مقدار سودی که از تولید خالص ملی ۶/۸ میلیارد دلاری پورتوریکو نصیب سرمایه‌گذاران خارجی شد بالغ بر ۱/۳ میلیارد دلار بود. یک پنجم ثروتی که کارگران پورتوریکویی در آن سال تولید کردند سر از بانک‌های ایالات متحده درآورد.

کارنامه‌ی عملیات بند پوتین به وضوح نشان می‌دهد که صاحبان صنعت در ایالات متحده بیشترین سود را از آن برده‌اند، نه مردم پورتوریکو.

اما، یک مطلب دیگر نیز باید مد نظر قرار داده شود: ماحصل عملیات بند پوتین، هرچه بود، فقط در بیست و پنج سالی که بعد از جنگ جهانی دوم شرایط اقتصادی جهانی فراهم آورد قابل حصول بود. در تمام آن مدت، سرمایه‌داری ایالات متحده به سرعت در حال رشد بود و به بازارهایی قدم می‌گذاشت که پیش از آن تحت سلطه‌ی سایر

امپریالیست‌ها بود و سرمایه‌داران اروپایی و ژاپنی با آن رقابت ناچیزی داشتند.

آن دوران اکنون به سر آمده است. این موضوع به شکل بارز در رکودهای پی در پیِ سال‌های ۱۹۷۴-۱۹۷۵، که همزمان بسیاری کشورهای اصلی سرمایه‌داری را در بر گرفت، خود را عیان ساخت. کساد و تورم که پیش از سیر نزولی منحنی اقتصادی پدیدار شد و بهبود اقتصادی بطئی‌یی که ایالات متحده دارد تجربه می‌کند نیز ناشی از همان است.

در ژانویه ۱۹۷۶ نرخ رسمی بیکاری کلیه‌ی رکوردهای قبلی را شکست و به مرز ۲۱/۹ درصد رسید. بیکاری واقعی، از جمله شامل "کارگران ناامید از اشتغال"، به ۴۰ درصد بالغ می‌شود. در پایان سال ۱۹۷۵ بیش از ۷۰ درصد جمعیت از کوپن‌های تغذیه مستمندان استفاده می‌کردند. صنعت ساختمانی، بنابر اظهار نظر صاحب‌منصبان این صنعت، "در آستانه‌ی سقوط" قرار گرفته است.

نوکران وال استریت در سن‌خوان چه چشم‌اندازی را به مردم پورتوریکو پیشنهاد می‌کنند؟

رافائل هرناندز کولون، فرماندار پورتوریکو، در پیامش به قوه‌ی مقننه در سال ۱۹۷۶ اعلام کرد که تضییقات ادامه خواهد یافت و کارمندان بیشتری از مشاغل دولتی و خصوصی اخراج خواهند شد.

عمیق‌تر شدن بحران اقتصادی و دستورات حاکمان مبتنی بر سفت‌تر کردن کمربندها و ریاضت بیشتر موجب تشدید قطبی‌شدن جامعه و افزایش نارضایتی سیاسی در پورتوریکو شده است. هم‌اکنون جامعه پیرامون مسأله‌ی حاکمیت قطبی شده است و عامل آن گسترش انقلاب مستعمرات در اقصی نقاط جهان است.

خیزش نوین مبارزه‌ی استقلال‌طلبی

از اواسط دهه‌ی ۱۹۶۰ جنبش استقلال‌طلبانه تشدید شد. استقلالیون، از طریق فعالیت پیرامون برخی موضوعات، موفقیت‌های زیادی کسب کردند، از جمله مخالفت با خدمت نظام وظیفه و مانورهای نظامی توسط ایالات متحده در جزایر ویه‌کوز و کولبرا، حمایت از کنترل دانشجویان-اساتید-کارمندان بر دانشگاه پورتوریکو، مخالفت با استثمار معادن مس به دست امپریالیست‌ها و آلودگی محیط زیست.

حزب استقلال پورتوریکو نقش مهمی در این رابطه داشت. این حزب در آن زمان دوباره تجدید حیات یافته و ضمناً رادیکال شده بود. گروه دیگری که فعالیت می‌کرد، جنبش طرفدار استقلال بود که در سال ۱۹۵۹ تأسیس شده بود. پس از تحولات زیاد، این جنبش در سال ۱۹۷۱ به حزب سوسیالیست پورتوریکو تغییر نام یافت.

در ۱۲‌ام سپتامبر ۱۹۷۱، هشتادمین سالروز تولد آلبیزو کامپوس، ۸۰,۰۰۰ نفر در سان خوان تظاهرات کردند و خواستار استقلال شدند. این بزرگ‌ترین تظاهراتی از این نوع بود که تا آن زمان در جزیره برپا شده بود. اگر در ایالات متحده بخواهد تظاهراتی متناسب با آن صورت گیرد، باید پنج تا شش میلیون نفر در آن شرکت کنند.

صاحب‌منصبان استعماری با علاقه نتایج انتخابات ۱۹۷۲ را گوشزد می‌کنند که در آن حزب استقلال پورتوریکو فقط ۵ درصد آراء را به دست آورد. اما، این یک فریبکاری است.

بسیاری از گروه‌های هوادار استقلال، از جمله حزب سوسیالیست پورتوریکو که احتمالاً فعال‌ترین گروه است، به دلایل مختلف انتخابات را تحریم کردند. علاوه بر آن، بسیاری از استقلالیون به این دلیل به حزب دموکراتیک مردمی رأی دادند که می‌خواستند با موضع حزب مترقی

نوین مخالفت کنند. این حزب به مدت چهار سال در رأس قدرت بود و از موضع ایالت شدن پورتوریکو حمایت می‌کرد. برای مثال، آراء ۵۰۰,۰۰۰ نفر از جوانان بین ۱۷ تا ۲۵ سال نشان داد که یک سوم موافق استقلال بودند، اما در مجموع آراء به نفع حزب دموکراتیک مردمی بود.

در حقیقت هیچکس مطمئن نیست چند درصد از مردم پورتوریکو حامی استقلالند. اگر دست پایین را بگیریم، اقلیتی است که دارد رشد می‌کند.

گروه‌های استقلال‌طلب در سال‌های اخیر درگیر اعتصاباتی بوده‌اند که به نبرد سختی تبدیل شده‌اند. فرماندار تاکنون دوبار گارد ملی را وارد صحنه کرده است تا اعتصاب کارمندان دولتی را درهم بشکنند. حال آنکه از ۱۹۵۰ به بعد، گارد ملی هیچوقت بسیج نشده بود. پلیس و دادگاه‌ها نیز در مبارزه علیه اعتصاب در بخش خصوصی به طور جدی وارد عمل شده‌اند.

رهبری تعدادی از اتحادیه‌های کارگری را استقلالیون در دست دارند که از گروه‌های مختلف‌اند. حدود ۴۰ اتحادیه از ۱۱۴ اتحادیه موجود در جزیره با جنبش متحد کارگران ارتباط دارند که یکی از رهبران حزب سوسیالیست پورتوریکو رهبری آن را در دست دارد.

نفوذ عقاید استقلال‌طلبانه در جنبش کارگری جزیره به خصوص بسیار پر اهمیت است، زیرا فقط طبقه‌ی کارگر می‌تواند به شکل مؤثری رو در روی واشنگتن بایستد و در زمانی این اتفاق می‌افتد که نارضایتی در جنبش کارگری آمریکای شمالی عمیق‌تر می‌شود و پتانسیل آن را می‌یابد که چنگال امپریالیسم ایالات متحده را از زاویه‌ی دیگری تضعیف کند.

پیمان
در این چارچوب "پیمان وحدت دایمی میان پورتوریکو و ایالات متحده" در کنگره‌ی ایالات متحده پیشنهاد شده است.
این طرح محصول مشترک گروه مشاوران پورتوریکو ـ آمریکای شمالی است که رییس جمهور، ریچارد نیکسون، و فرماندار هرناندز کولون در سال ۱۹۷۳ آن را تشکیل دادند. چنانچه کنگره‌ی ایالات متحده آن را تایید کند و رییس جمهور ایالات متحده آن را به عنوان یک قانون تصویب کند، آنگاه به عنوان یک رفراندوم در پورتوریکو به رأی عمومی گذاشته خواهد شد. این طرح، در صورت تصویب، جایگزین قانون روابط فدرال پورتوریکو خواهد شد که در سال ۱۹۵۰ روابط فعلی را برقرار کرد.
جوهر طرح این است که اساساً بدون هیچگونه تغییری به سلطه‌ی کامل ایالات متحده بر جزیره تداوم خواهد بخشید.
در این طرح قوانین جاری دوباره کدبندی می‌شوند به نحوی که ایالات متحده بر امور نظامی، سیاست خارجی، ارز، مهاجرت و تابعیت، کنترل کامل می‌یابد. پورتوریکو را تحت نفوذ اغلب سازمان‌های قانون‌گذار فدرال [ایالات متحده] در می‌آورد. دادگاه‌ها و پلیس بر پورتوریکو مسلط خواهند بود و دیوان عالی ایالات متحده به عنوان بالاترین مرجع قانون‌گذاری بر قوانین جزیره نظارت خواهد داشت.
این طرح به زبانی نوشته شده است که این مسایل برملا نشوند. در این طرح به شکل مزورانه‌ای از "اراده‌ی آزاد و حاکمیت" مردم پورتوریکو یاد می‌شود و این درحالی است که این قانون را اول باید حکومت ایالات متحده بحث کند، بر آن مصوبات لازم را بیفزاید و آن را تصویب کند، پیش از آنکه مردم پورتوریکو حتی بتوانند به آن رأی دهند.
در این طرح نام حکومت پورتوریکو در زبان انگلیسی به "ایالات

معاشر آزاد" تغییر می‌یابد، حال آنکه در زبان اسپانیایی بیست و پنج سال پیش چنین نامی بر پورتوریکو نهاده شده است.

این طرح کلمات "متعلق است به ایالات متحده" را از قوانین ایالات متحده حذف می‌کند، قوانینی که وضع پورتوریکو را تشریح می‌کنند.

گروه مشاوران اعلام می‌دارد که ادغام این جملات در این طرح "یکی از بحث‌برانگیزترین نکات این طرح شده است... در جهت اثبات اینکه پورتوریکو هنوز یک مستعمره است و به ایالات متحده‌ی استعمارگر تعلق دارد."

یک بَزَک دیگر، اعطای منصب مالکیت دولتی به حکومت سان خوان است. در حال حاضر اینگونه مالکیت‌ها رسماً به دولت ایالات متحده تعلق دارد، گرچه زمین‌هایی را که متعلق به حکومت فدرال نیست حکومت پورتوریکو کنترل می‌کند. اکنون، همه چیز قرار است به پورتوریکو "تعلق" گیرد، به استثناء اینکه ایالات متحده از زمین به عنوان پایگاهی نظامی، ادارات فدرال و به منظور اهداف دیگری استفاده خواهد کرد بدون اینکه به "صاحب" جدید آن پولی پرداخت کند.

بعد هم چند پیشنهاد دیگر در طرح وجود دارد که در ظاهر مهم جلوه می‌کند، اما در واقع چیزی جز تزئینات دکور مآبانه نیست.

یکی از این‌ها، بندی است که اعلام می‌دارد این طرح پس از تصویب فقط با تصمیم مشترک ایالات متحده و پورتوریکو قابل تغییر خواهد بود. نه تنها دربرگرفتن نام ایالات متحده در این جمله ناقض حاکمیت پورتوریکو بر سرنوشت خویش است، بلکه در عمل هیچ حق بیانی برای پورتوریکو باقی نمی‌گذارد، زیرا قانون جا افتاده‌ای در ایالات متحده وجود دارد مبتنی بر اینکه کنگره‌ی ایالات متحده حق دارد هر قانون مصوبه را تغییر دهد یا آن را لغو کند.

یکی دیگر از پیشنهادات، مسیر طولانی و پر پیچ و خمی است که برای تصویب قوانین فدرال برای جزیره در نظر گرفته شده. موضوع به اینجا ختم خواهد شد که هر قانونی که در ایالات متحده تصویب می‌شود در صورتی برای پورتوریکو نیز قابل اجرا خواهد بود که مشخصاً در قانون چنین قید شده باشد، نه اینکه همانند حال حاضر هر قانونی به طور خودکار در پورتوریکو تعمیم باشد.

همچنین مشخص شده است که اگر حکومت پورتوریکو قانونی را نپسندید حق آن را خواهد داشت که مخالفت خود را در کنگره ابراز دارد، اما حرف آخر را کنگره‌ی ایالات متحده خواهد زد.

برخی روزنامه‌ها در ایالات متحده این مباحث را چنان مطرح کرده‌اند که گویا حکومت پورتوریکو علیه قوانین مصوبه‌ی فدرال حق "وتو" خواهد داشت، اما این حقیقت ندارد. در نهایت به چیزی ختم نمی‌شود، مگر اینکه به حکومت پورتوریکو حق چک و چانه زدن درباره‌ی قوانین مصوبه را بدهد. حکومت ایالات متحده حق خواهد داشت هر قانونی را یک‌جانبه به پورتوریکو تحمیل کند، صرف نظر از اینکه حکومت پورتوریکو و مردم آنجا آن را بپسندند یا نه.

یکی دیگر از پیشنهادات، وجود یک هیأت نمایندگی از پورتوریکو در سنای ایالات متحده بدون داشتن حق رأی است. به همین ترتیب پیشنهاد شده است که در هیأت‌های تجاری ایالات متحده از طرف پورتوریکو "ناظر" حضور داشته باشد.

آخرین پیشنهادات مبتنی بر افزایش قدرت حکومت پورتوریکو در چند زمینه‌ی محدود است، از جمله داشتن "صلاحیت قضایی منحصر به فرد" در خصوص تعیین حداقل دستمزدها، روابط کارگری و ایمنی و بهداشت محیط کار.

علت این امر آن است که واشنگتن می‌خواهد سان خوان برای سرکوب طبقه‌ی کارگر قدرت بیش‌تری داشته باشد؛ بتواند حداقل دستمزد را پایین بیاورد، سطح ایمنی و بهداشت محیط کار را تقلیل دهد و بیش از پیش حق کارگران پورتوریکو را در خصوص تشکیل اتحادیه و برپایی اعتصاب ضایع کند.

سال‌های سال بود که قوانین فدرال اجازه می‌داد حداقل دستمزد در پورتوریکو پایین‌تر از ایالات متحده باشد، اما اعتراضات جنبش کارگری بالاخره کنگره را مجبور کرد هر دو را یکی کند. طبق این طرح پیشنهادی، حکومت پورتوریکو دستش آزاد خواهد بود تا دوباره بتواند حداقل دستمزد را در جزیره کاهش دهد.

بازندگان اصلی این فرایند، توده‌های پورتوریکو خواهند بود که آرزویشان برای کنترل بر سرنوشت خود زیر پا گذاشته خواهد شد، به رغم همه‌ی این لفاظی‌ها در خصوص "حداکثر خودگردانی" مردم پورتوریکو.

نیازهای اقتصادی و اجتماعی مردم پورتوریکو که جنبه‌ی اضطرار پیدا کرده کاملاً به دست فراموشی سپرده شده است و در زمینه‌هایی که این طرح می‌خواهد تغییراتی در زمینه‌های اجتماعی ایجاد کند، فقط به وابستگی بیش از پیش پورتوریکو به ایالات متحده خواهد انجامید و برای شرکت‌های انحصاری ایالات متحده کار بهره‌گیری از این جزیره‌ی فوق استثمار شده را از این هم که هست سهل‌تر خواهد کرد.

واشنگتن حق ندارد به پورتوریکو دیکته کند که این کشور چه حدی از خودگردانی داشته باشد، حتی حق ندارد درباره‌ی آن بحث کند. این مبحثی است که خودِ مردم پورتوریکو باید بحث کنند و درباره‌اش تصمیم بگیرند.

اگر کنگره‌ی ایالات متحده واقعاً به تضمین "اراده‌ی آزاد و حاکمیت" مردم پورتوریکو علاقمند است، فقط یک راه دارد که به آن تحقق بخشد.

خیلی ساده، قانونی وضع شود که قانون روابط فدرال مصوب ۱۹۵۰ را لغو کند و هرگونه اقدامی در جهت کنترل پورتوریکو را محکوم سازد. پلیس، دستگاه قضایی، پادگان‌های نظامی و سایر نهادهای ایالات متحده باید بلافاصله از جزیره برچیده شوند و ثروتی که تحت کنترل کمپانی‌های ایالات متحده است به حکومت پورتوریکو تحویل شود.

فقط تحت چنین شرایطی مردم پورتوریکو می‌توانند بدون هر گونه دخالت خارجی تعیین کنند که چه نوع حکومتی می‌خواهند و چه نوع روابطی می‌خواهند با حکومت ایالات متحده داشته باشند، البته اگر اصلاً خواستند رابطه‌ای داشته باشند ■

نشر طلایه پُرسو منتشر کرده است:

- **ساختن تاریخ**
  مصاحبه با چهار ژنرال نیروهای مسلح انقلابی کوبا
  - مترجم: سروش محبی
  - ۲۵۶ صفحه

- **محاکمه‌ی سوسیالیسم**
  - اثر: جیمز پی کانن
  - مترجم: مسعود صابری
  - ۲۷۲ صفحه

- **تحول در دریا**
  دگرگونی سیاسی در بطن ایالات متحده
  - اثر: جک بارنز
  - مترجم: شهره ایزدی
  - ۶۴ صفحه

- **ما بردگان تا به کجا آمده‌ایم!**
  - اثر: نلسون ماندلا و فیدل کاسترو
  - مترجم: مسعود صابری
  - ۱۱۲ صفحه

- **مالکم ایکس با جوانان سخن می‌گوید**
  - اثر: مالکم ایکس
  - مترجم: مسعود صابری
  - ۱۶۸ صفحه

- **اعتلای زن و انقلاب آفریقا**
  - اثر: توماس سانکارا
  - مترجم: شهره ایزدی
  - ۹۶ صفحه

- **گام‌های امپریالیسم به سوی فاشیسم و جنگ**
  - اثر: جک بارنز
  - مترجم: شهره ایزدی
  - ۱۹۶ صفحه

- **شلیک اولین توپ‌های جنگ جهانی سوم،**
  علل تهاجم واشنگتن علیه عراق
  - اثر: جک بارنز
  - مترجم: شهره ایزدی
  - ۲۲۴ صفحه

- **انسان و سوسیالیسم در کوبا**
  - اثر: چه گوارا و فیدل کاسترو
  - مترجم: شهره ایزدی
  - ۸۸ صفحه
  - چاپ دوم

در دست انتشار:
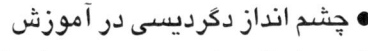

- **چشم انداز دگردیسی در آموزش**
  خدعه‌ی اصلاح تعلیم و تربیت در سرمایه داری
  - اثر: جک بارنز
  - ترجمه‌ی: شهره ایزدی
  - ۶۴ صفحه

Also from Pathfinder:

To See the Dawn
Baku, 1920- First Congress of the Peoples of the East
How can peasants and workers in the colonial world achieve freedom from imperialist exploitation? By what means can working people overcome divisions incited by their national rulling classes and act together for their common class interests? These questions were addressed by 2000 delegates to the 1920 Congress of the Peoples of the East.

By Any Means Necessary
Malcolm X Speeches tracing the evolution of Malcolm X views on political alliances, women's rights, intermarriage, capitalism and socialism,

Capitalism's World Disorder
WORKING-CLASS POLITICS
AT THE MILLENNIUM
Jack Barnes "The social devastation, financial panics, political turmoil, police brutality, and military assaults accelerating all around us are not chaos. They are the inevitable forces unleashed by capitalism. But what future capitalism has in store for us is not inevitable. it can be changed by the timely solidarity, courageous action, and united struggle of workers and farmers conscious of their power to transform the world."

The Changing Face of U.S. Politics
WORKINIG-CLASS POLITICS AND

THE UNIONS

Jack Barnes A handbook for workers coming into the factories, mines, and mills as they react to the uncertain life, ceaseless turmoil, and brutality of capitalism today. A handbook for young people who, in growing numbres, are repelled by racist discrimination, women's inequality, national oppression, and other reactionary social relations reproduced daily by capitalism.

410 West Street, New York, NY 10014, Tel:(212)741-0690, Fax:(212) 727-0150

E-mail: PATHFINDERPRESS@compuserve.com

This book is a Farsi translation of

Puerto Rico:
Independence is a necessity

Rafael Cancel Miranda
Pathfinder Press, 1998

ISBN for original English version 0-87348-895-4
ISBN for Farsi version ISBN 964-5783-01-1

With an attachment:
Puerto Rico: U.S. colony in the Caribbean
by: José G. Pérez
Pathfinder Press
First edition, 1976, Fifth printing, 1998
ISBN 0-87348-380-4

Copyright © 1998 by Pathfinder Press
Copyright © 2001 by Pathfinder Press and
Talaye Porsoo Publications
All rights reserved

Translation by
Seyavosh Samavati
Edited by
Masoud Saberi

Farsi Publisher
Talaye Porsoo Publications
Tehran P.O. Box 13185/1197
E-mail address: ntalaye_p@yahoo.com

This book is a Farsi translation of:

Puerto Rico: Independence is a necessity

by
Rafael Cancel Miranda

Copyright © 1998 by Pathfinder Press
ISBN 0-87348-895-4

With an attachment:
Puerto Rico: U.S. colony in the Caribbean
by: José G. Pérez
Pathfinder Press
First edition, 1976, Fifth printing, 1998
ISBN 0-87348-380-4